著名书法家、篆刻家,印泥制作大师高式熊(许志刚 摄)

采风

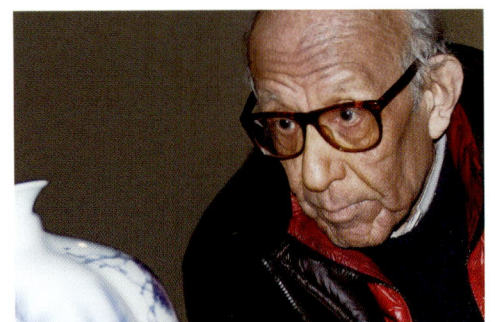
观瓷

刻壶

治印

高式熊刻半亩花地

高式熊刻中国馆印

高式熊刻钱镜塘鉴定任伯年真迹之印

高式熊刻鲁迅笔名

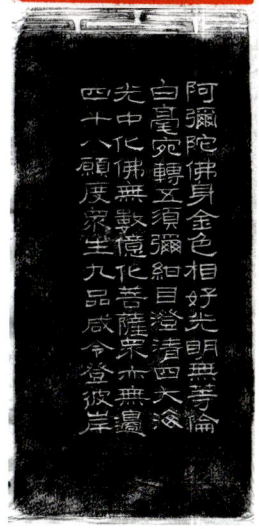

高式熊刻钱镜塘审定吴湖帆真迹之印

高式熊刻启功用印

高式熊刻阿弥陀佛印

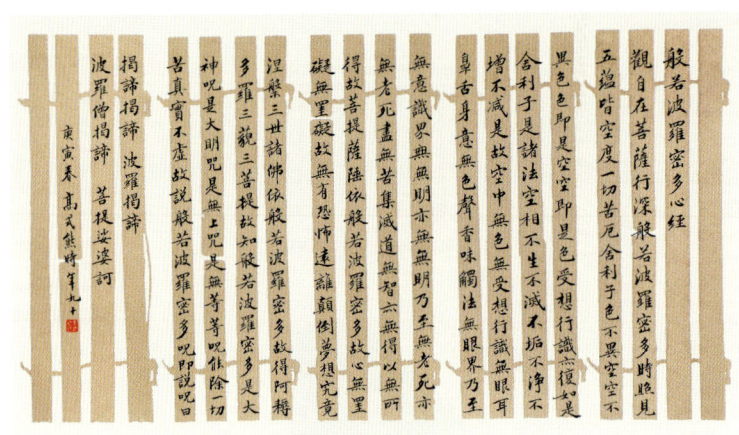

高式熊楷书《心经》

高式熊隶书扇面

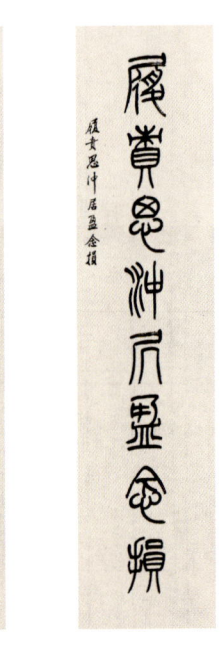

高式熊甲骨文条幅　　高式熊行书对联　　　　高式熊篆书对联

"海上谈艺录"丛书编辑委员会

主　任　徐　麟
副主任　陈　东　施大畏　宋　妍
委　员　（按姓氏笔画为序）

　　　　王汝刚　王依群　许舒亚　何承伟　宋　妍
　　　　辛丽丽　沈文忠　迟志刚　张建亚　张晓敏
　　　　陈　东　尚长荣　周志高　胡国强　施大畏
　　　　徐　麟　程海宝　谭晶华　滕俊杰　穆端正

策　划　宋　妍　张晓敏　沈文忠
统　筹　倪里勋　王　刚

海上谈艺录丛书

金石铁笔仁者寿

潘真 著

上海世纪出版集团
上海文化出版社

图书在版编目（CIP）数据

金石铁笔仁者寿·高式熊/潘真著. —上海：
上海文化出版社，2015.8
（海上谈艺录）
ISBN 978-7-5535-0411-7

Ⅰ.①金… Ⅱ.①潘… Ⅲ.①高式熊—传记
Ⅳ.①K825.72

中国版本图书馆 CIP 数据核字（2015）第 152951 号

策　　划	宋　妍　张晓敏　沈文忠
统　　筹	倪里勋　王　刚
出 版 人	王　刚
责任编辑	黄慧鸣
特约编辑	刘绪源　司徒伟智　王　晨
封面设计	姜　明
技术编辑	刘　学
丛 书 名	海上谈艺录
主　　编	上海市文学艺术界联合会　上海文学艺术院
书　　名	金石铁笔仁者寿·高式熊
著　　者	潘　真
出　　版	上海世纪出版集团　上海文化出版社
地　　址	上海市绍兴路 7 号
网　　址	www.cshwh.com
邮政编码	200020
发　　行	上海世纪出版股份有限公司发行中心
印　　刷	上海天地海设计印刷有限公司
开　　本	787×1092　1/16
印　　张	9.75　彩插：2
字　　数	185 千
版　　次	2015 年 8 月第一版　2015 年 8 月第一次印刷
国际书号	ISBN 978-7-5535-0411-7/K.046
定　　价	35.00 元

敬告读者　本书如有质量问题请联系印刷厂质量科
电　　话　021-64366274

目　　录

艺术访谈
　　艺术，切忌急功近利 …………………………………………… 003

艺术传评
　　第一章　童子功 ………………………………………………… 015
　　第二章　师从大家 ……………………………………………… 025
　　第三章　在西泠印社 …………………………………………… 037
　　第四章　成为社会人 …………………………………………… 052
　　第五章　专家大玩家 …………………………………………… 066
　　第六章　遭遇"文化大革命" …………………………………… 083
　　第七章　60岁开始的精彩 ……………………………………… 095
　　第八章　印坛佳话 ……………………………………………… 110
　　第九章　人书俱老 ……………………………………………… 125

附　录
　　从艺大事记 ……………………………………………………… 137
　　后　记 …………………………………………………………… 148

艺术访谈

  我的观点是，基本的东西好了，艺术是顺其自然的。

  你看王羲之下来直到唐朝，没有人像王羲之，但没有人不是从王羲之那里来的。唐宋元明清，每一代都有特色，也都有规范。祖宗先找到，讲规范，创新是有根据的创新。

  秦汉印是中国印章艺术的精华，是学习篆刻艺术的必由之路。中国的流派印章，诸如浙派、徽派等，究其根源，均出自秦汉印，尽管用刀方法不同，印文效果亦异，但终难脱离秦汉印这个根基。邓完白用书法入印，独创一格，以后各印家都采用陶文、金文以及封泥等入印，都是以刀代笔，把古人传统的艺术熔铸于方寸之间，把秦汉印的精魂发扬光大。

  学习传统艺术，就是先要把前人的东西理解了、消化了，才能够自己有所进步。

——高式熊

艺术，切忌急功近利

时间：2011年11月至2014年1月
地点：棠柏艺苑、四明村等
受访人：高式熊
采访人：潘真

家学渊源，博采众长

潘　真（以下简称"潘"）：十几年前，我在您四明村的家里采访过您。后来，四明村挂了"文化名人村"的牌子，这里居住过的名人章太炎、高振霄、吴待秋、王福庵、周建人、朱积诚、徐志摩、来楚生、陆小曼、泰戈尔、胡蝶、吴青霞、严俊和您的大名出现在弄堂的墙上。高振霄是您的父亲，高家祖上又是北宋名将高琼（武烈王）……

我之所以津津乐道四明村的名人和高家祖上，是因为觉得您作为当代著名书法家、篆刻家，无愧于先人，也配得上四明村。您能否说说高太史对子女的言传身教？

高式熊（以下简称"高"）：家父一生忠于朝廷，可从不与贪官污吏同流合污。所以，他虽为翰林太史，却两袖清风，清贫如洗。辛亥革命，清朝覆灭，当时一些投靠洋人的卖国贼千方百计引诱、拉拢、封官许愿，要家父为他们效力。但家父没有为那些高官厚禄所动摇，毅然带着家眷离京，先后流连于汉口、上海等地，以卖字、教学维持生计。敌伪时期，生活最困难，但都熬下来了，家父决不为谋利加入什么组织，以保晚节。这是我最佩服的。

父亲经常教育我们："做人最重要的是要有骨气，卑躬屈膝的人永远不会有出息。"他还常说："做事首先要想想，什么事应该做，什么事不应该做，不利于国民的事绝对不能做。"这些话，都在我幼小的心灵中深深刻下了烙印。所以，我跟父亲27年，学到了做人的品格——"不向邪恶势力屈服，不做不利于国家人民的事"，成了我的人生哲学。

潘：艺术讲究童子功。我记得以前读过一篇文章，写您是"怀揣文房四宝来到人世",10岁就临《说文解字》,练起童子功。

高:我9岁开始写字,一直跟在父亲身边,读四书五经古文诗词,每天临一张楷书、一张篆书。10岁开始临《说文解字》。

《说文解字》是我国第一部系统分析字形、考究字源的字书,收字9353个,其中有些字即使中文系研究生也不识了。但我小时候像发现新大陆一样,不惜下笨功夫,一个字一个字地钻研。古人不是说"古大家之书,必通篆籀,然后结构淳古,使转劲逸"吗?少年学篆书,为我日后写字、刻印打下了扎实的基础。

之后,我又临了20年的唐楷,如欧阳询的《九成宫》《皇甫君碑》,褚遂良的《孟法师碑》,柳公权的《玄秘塔》等名碑。我的小楷,继承的是赵孟頫的风格。篆书,父亲让我临写《石鼓文》《峄山碑》,了解古文字的"体象卓然,殊今异古",掌握了秦篆浑厚的线条。

潘:听说,您父亲作品上的印章大多是您盖的?刻印,又是怎么开始的呢?

高:小时候,看父亲写完字,我负责敲图章。对印章、刻印的兴趣,大概也是从那个时候开始萌芽的吧。

15岁那年,我翻到家里藏书中的《金石索》,其中有两本玺印,那虽是摹刻本的影印本,但印文不失平正。我看了,一下子很喜欢,就找了一块石头拿来临摹,刻了第一方印,从此动手刻印的兴趣大增。不过,一开始是偷偷刻的,因为我父亲管教很严,不允许我做与正经读书无关的事情。

潘:您的两位篆刻老师都很厉害啊!

高:是的,都是当时的大名家。有一次,我得到一本《赵叔孺印谱》,里面有300方钤稿。我深为这位篆刻家精湛的艺术所折服,每天灯下勾摹,直至深夜。21岁,在一个极偶然的场合,我见到了父亲的朋友赵叔孺先生,迫不及待地问他究竟什么是刀法,没想到他回答:"只要能刻成字就是刀法,关键在于自己的掌握。"我仔细琢磨这话,感到学篆刻就是要多实践、多体会,不要为书本上的名词缚住手脚,重在自己的把握能力上。从此,我更坚定了学习的信心。

龚心钊先生是我父亲的老师,就是我的太老师了。太老师是大收藏家,得知我在自学刻印,就把家中收藏的印谱《瞻麓斋古印徵》《敏求室印屑》《陶斋藏印》让我父亲带回家,给我学习用。

赵叔孺先生又为我介绍张鲁庵先生。鲁庵先生家里藏了400多种印谱、2000多方印章,我可以分批借来看,看完再拿去换。这样,两年左右,我看了几百种印谱,勾临了大量印件。当年没有照相机,我就用纸头勾下来,这比拍照麻烦多了,但勾临时每一笔每一画都经过自己的手啊，印象很深，对刻印的提高非常有帮助。我成了张家的常客，鲁庵先生甚至在自己的书房里为我安放了一张写字台，又给了我一把房门钥匙，让我自由进出。我把自己的习作拿给鲁庵先生看，他从来不敷衍我，更不会颠倒黑白，每次都直接指出我的毛病；有时他也把自己的作品给我看，要我挑他的毛病，我若不敢说，他会不高兴。

当时还有一位篆刻大家叫王福庵，是与赵叔孺齐名的。赵、王二位，是当代篆刻家中路子最正的。我虽然没有正式拜王福庵为师，但经常拿着刻好的图章跑到他家里请教，他对我比对自己子女还亲。

现在大家问我为啥学艺没走过弯路，我说是碰到了好老师。在赵叔孺、王福庵两位大师的悉心指点下，我从临摹秦汉、浙派到邓石如、赵之谦、吴让之、黄牧甫、吴昌硕、赵叔孺、王福庵和陈巨来等名家，博采众长，形成了自己的风格。

学习传统艺术，没有捷径

潘：此时再回过头去看《说文解字》，又有什么新的发现呢？

高：在篆刻实践中，我逐步体会到，临《说文解字》，不单要写得像，而且要注意音义，了解文字形成的来龙去脉。篆刻主要是篆，必须在学习《说文解字》的同时，把重点放在解决字形上，比如临写石鼓、金文、汉篆以及瓦当陶器铭文等。临摹古印不能单求形似，还要研究每一个字在一方印中所处的地位，研究点画之间关系的配合。汉印看似平正，但平正之中寓奇特。古玺篆法变化多端，不可能用什么简单的公式来套篆刻艺术的特点。

潘：有人说，刻秦汉印是墨守成规，没出息。您怎么看？

高：这种说法是不对的。

篆刻艺术历史十分悠久，人们常说"印宗秦汉"，秦汉是篆刻的鼎盛时期，秦汉印是中国印章艺术的精华，是学习篆刻艺术的必由之路，要想逾越秦汉印而创所谓的个人风格、时代面貌，是绝对不可能的。中国的流派印章，诸如浙派、徽派等，究其根源，均出自秦汉印，尽管用刀方法不同，印文效果亦异，但终难脱离秦汉印这个根基。邓完白用书法入印，独创一格。以后各印家都采用陶文、金文以及封泥等入印，都是以刀代笔，把古人传统的艺术熔铸于方寸之间，把秦汉印的精魂发扬光大。

学习传统艺术，就是先要把前人的东西理解了、消化了，才能够自己有所进步。

潘：您讲到了书法与篆刻有内在联系，那么绘画与书法、篆刻的关系呢？

高：古人曰："小心落墨，大胆奏刀。"这确是金科玉律。王福庵说："知书善书乃治印之本，若徒见刀石而无笔墨，格终不高。"意思是，书法造诣的高低会直接影响到篆刻水平的高低。

我一直讲，篆刻是篆与刻的结合，只懂刀法而没有书法基础，是刻不好印的；而只会写字不懂刀法也是刻不好印的。印由书出，书由印入。所以，一个篆刻家必须能写会刻，使自己成为书法、篆刻都过硬的双栖艺术家。你看历来创流派的篆刻大家，也必定是书法大家。皖派始祖邓完白的书法，取历代金石碑版，有"国朝第一"之誉，康有为赞为"尽收古今之长，而结胎成形，于汉篆为多，遂能上掩千古，下开百祀"。浙派始祖丁敬身，以书法自然笔意镌刻入印，作篆以方折融圆润，别开生面。

篆刻与书法的这种相辅相成，类似中国画与书法的关系。中国画是用毛笔画的，绘画运笔的道理跟用毛笔写字差不多。中国书法，也可以说是黑白线条的中国画。吴昌硕的画好，好在哪里？就好在运笔，他的石鼓文运笔技巧好嘛。

篆刻要吃透线条，还要懂得章法。章法即印面的布局，通俗讲就是印面上文字的排列组合，好比绘画的构图，朱白、大小、虚实、详略等等，道理都是相通的。所以，但凡书、画、印同时擅长者，必定是大家。这样的大家，近现代海上印坛数数也有好几位，像吴昌硕、钱瘦铁、邓散木、来楚生、钱君匋……

潘：对陈巨来的篆刻，您如何评价？

高：灵气，陈巨来灵气十足，至今没有人刻得过他！好比一个人，胖要胖得有线条，瘦不好瘦得像排骨，陈巨来的章就是婀娜多姿。哪像现在，刻细朱文只晓得刻得细、细、细，单单细有啥用？细又不等于好！

当然，各人要求不同。光技巧熟，机械化的技巧，不是艺术，是刻字工厂的产品。

潘：我读到韩天衡先生一篇文章，说您"胸中存旧谱五百部，手下运古印一万钮"，足见用功程度。您27岁就加入了西泠印社，是当时最年轻的社员之一，可听说60多年来您从不间断练字，现在仍然天天写？

高：书法是一门艺术，没有什么捷径可走。要说秘诀，学书法最困难也可说最简单的事，便是一丝不苟。

传说唐代有人向张旭讨教草书秘诀，张旭说，无非在"用心"二字。表现在形式上，一是技法，二是结构。

传说王献之练字时，他父亲王羲之偷偷站在他身后，趁其不备，突然去抽他手中的笔，结果你猜？对了，抽不下来。这说的是握管方法吗？实际上是强调基本功的重要性。

当年我在西泠印社接待晚年的沈尹默先生，那时他的眼睛已经坏到看不清东西了，但只要铺开宣纸，他仍然会目无全牛，挥洒自如。可见对于书法，沈尹老已烂熟于心，出神入化了。

现在不少学写字的人都说自己喜欢书法，但仅仅喜欢有什么用？初学者起码要临帖5至10年，不下苦功是不行的，所以一定要持之以恒。这个道理容易懂，但就是有许多人急功近利、急于求成，静不下心来。另外，学书法还必须专心致志，不要"手写心不写"。不用脑子，心不在焉，又怎能学得好呢？

吃透传统后，融入自己想法

潘：自我评价一下，您哪一种字体写得最好？很多人说您写篆书最好。对自己的篆刻又怎么看呢？

高：书法是中国传统根底深厚的一门艺术。我从小滚在里面，寻根问祖，各种字体都写。我的行书、楷书，功底最深。

大家说我的篆书最好，实在是少见多怪，因为很少有人写篆书了，没有人认识篆书了嘛，看不懂，就觉得高深，就都说好。

我在书画社工作时常常受到讽刺，说我是顽固不化、守旧。有些人要破除一切古人的风格。可是，任何一样东西都是有标准的，做任何事都要先弄清标准。我在工厂做了22年，与实际生活接触多，工厂不玩虚的，都讲硬标准。厂里要是220V变成180V，就是电力不足，所有机器都不转了，不会动了，就要停工；写字呢，220V变成180V，明明是下的功夫不到家，没有练成，字写不像样，有人却硬要说是创新！

书法靠字，靠笔法。用笔，才有结构。现在有的人，用笔、结构都没有，还谈什么创新？不可能的！许多人追求创新，其实是在盲目变形。创新是做加法的意思，而不是做减法！把古代的东西吃透了，加上自己的东西，好好发扬，才叫创新。

吴昌硕写的石鼓文，我们搞书法的人都写过，结果如何呢？写出气势和精神的，却只有吴昌硕。他有脱离，但没脱离规范，创出了新的面貌。这是对现代人创新最好的教育。并不是唱反调就创新了，方的硬要变成圆的，那不叫创新！现在艺术圈中这种盲目的现象太普遍了，但经得住时间考验、真正创新后能立得住脚的人有多少？太少了！

我的篆刻，是中国特有的东西加上我自己的东西。这门艺术，是理解、吃透了传统之后，再融入自己的想法，自然而然地变化的。而不是凭空想象出来的变化、创新。

我这一辈子，有人骂我只会捧老古董，没出息；也有人认为我的路子正，创出了自己的风格。喜欢我的字的人越来越多，我欠了很多字，都来不及写了。要经得起骂和捧，有的人被棒杀，有的人被捧杀，都不足取。究竟走什么路，要自己选择。

我的观点是，基本的东西好了，艺术是顺其自然的。你看王羲之下来直到唐朝，没有人像王羲之，但没有人不是从王羲之那里来的。唐宋元明清，每一代都有特色，也都有规范。祖宗先找到，讲规范，创新是有根据的创新。而不是像现在有些人，彻底推翻前人，基础都不要了。

有评论说我退休以后，艺术上还有进步。我自己也肯定自己。退休了，写字、刻印的时间更多了嘛，有工夫研究艺术了嘛。

只是越来越缺少可以谈谈艺术的师友，更没有老一辈的指教了。

上海宜"炒小锅菜"培养书法家

潘：您自己成了老一辈了（笑）。可是，您讲的静下心来、专心致志，与急功近利的世风格格不入……

高：少数人急功近利，呒关系；一旦急功近利成了社会风气，就搞不好了。有年轻人问我，如何自成流派？哼哼，问得不可思议！我只好回答说，你学也不要学，自己去做，就是一个流派了。

艺术没有基础，弄不出名堂。好比今朝我高式熊心血来潮要开一场独唱音乐会，只要有钞票马上就可以租场子开起来，送票子请许多人来捧场。但是唱出来的水平，好跟帕瓦罗蒂比哦？所以，基础最重要。有的人写了一辈子还写不好，就是因为没有打好基础，瞎赶潮流，路走歪掉了，非常可惜！

特别是书法，写尽管都在写，但不懂的人多。中青年不晓得楷书，规范都不要了，全部打翻了。那些评奖，我看不懂，只能讲一句"百花齐放"了。现在混混太多，看见书法作品卖得好了，都去写字，交钱上两个月的提高班，眼睛一眨就成了书法家，甚至掼钞票进书法家协会当个会员过过瘾。从前没有比赛、没有评奖，现在这个评奖那个比赛多是多得来，当评委或许可以发财，可是整体的创作水平上去了吗？急功近利、急于求成，真正站得住脚的有几个？功夫没练好，还是骗不到钞票嘛！

要是让我当评委，一件一件作品过关，不好的统统不要，好的才会出来。乌合之群有啥意思？沽名钓誉罢了！

最近，文联的领导为上海书法专门来听我谈意见，我不敢恭维啊！现在有些书法展览，开幕式弄过，吃顿饭算数。我说，上海能不能大浪淘沙，"炒小锅菜"，好好培养几个人，不要一哄而上啊？

上海是中国书法的重镇，我们静安区是书法大区，静安文史馆倒是蛮重视楷书的，办上海楷书大赛、上海名家楷书邀请展、全国名家楷书邀请展，希望可以冒出几个新人来。

大师背后有几十年深厚的功底

潘：毕加索作品在上海展出，大家都跑去看，有很多艺术家、艺术爱好者从各地赶来看，但大多数人看不懂，有些艺术评论家也说不出个所以然来……

高：现在大家都在问，毕加索侬看得懂哦？我在日本也问过一个画家，毕加索好在哪里？他说得很坦率：我谈不出，你也听不懂吧？大家都说毕加索好，又不懂得怎么欣赏画中的优点，人云亦云，轧闹猛罢了。毕加索画的三只眼睛、眼睛在脑后，是啥意思？伦勃朗、列宾的油画，逼真程度超出了照相技术，又为啥好？啥人来讲讲看？

外国人看中国画，也看不懂。谢稚柳当场作画，半个钟头画一幅，外国人一看这么快啊、这么容易啊，就认为不是艺术。那么，会写《金刚经》的就一定是书法家？写《七夕》的就一定不是？画得快的不值钱？标价太便宜的不能买？张大千泼墨，画画一歇歇工夫，外人不晓得大师背后有几十年深厚的功底！

这么丰富、深奥的事，跟不懂的人呒办法讲。

有人反对让外国人看着中国画的画家当场创作，这是错误的。中国画不讲画得快慢，而要看画里面有没有东西。为啥中国的书法、篆刻都入了世界非物质文化遗产名录，而中国画没有入？这是中国人借外国人的口在讲话。

但也不能说所有的外国人都看不懂中国画，看得懂中国画的外国人特别重视中国画。程十发生前在美国看画，发现最好的中国画全在美国！

钦佩日本人对中国传统的重视

潘：1980年代、1990年代及2011年，您多次应邀访问东邻日本，交流书法、篆刻艺术，举办个展，所到之处深受欢迎。怎么对于中国传统的书法、篆刻，日本人反而倾注了更多的热情？

高：日本人对中国传统的书法、篆刻艺术，比我们自己重视得多，爱好者多得不得了。我在大阪、东京，与日本上层接触，发现他们自己走入了中日关系的误区；但日本民众并不关心那些，倒是对于中国好的东西，比方书法、篆刻艺术，特别热衷。我在日本开展览会，展馆门外几十辆汽车排队，买艺术品的钞票"马克马克"的。

日本首都东京和商贸重镇大阪分属关东和关西，日本的篆刻就分成关东派、关西派，分别以小林斗盦和梅舒适（均为西泠印社名誉社员）为首，两派人员之多、竞争之激烈，不身临其境想象不到。（当然，他们有些装饰性的东西，已经不是篆刻了。）

日本的杂志社访问我，问我的访日观感。我表示，对日本书法、篆刻这么普及，爱好者、创作者这么多，非常钦佩。日本人讲究师承关系，对老师的尊敬程度是我在中国从来没见到过的。不过，师承关系强调过分了，就容易产生门户之见，眼孔容易小，不能够博取众长，当然就不能够长进。这是需要警惕的。

前些年，我收过三两个日本学生。他们从我的作品进入，寻根。这几个学生回日本后，都当了书法、篆刻老师。日本社会这方面的师资需求蛮大的。

不择手段假冒的东西太多了

潘：兴起并不久的中国艺术品市场，相当混乱。对于坊间出现的假冒高式熊作品，您怎么看？有办法治么？

高：不择手段假冒的东西太多了！刚刚就有拍卖行朋友介绍过来一个买家，买了1万多元"高式熊"的东西，我一看是假的。有一次，我去福州路书画店写紫砂壶，一进门就看见两幅落款"高式熊"的对联，也是假的。有个裱画店，一房间的假货。许多拍卖行都有冒我的假货。最近，毛泽东旧居的朋友来要我帮一个画商鉴定我的几幅字，难得是真的，更加难得还是真的中的好的。第二天我就当着买主、画商的面讲清楚，买主才放心了。

是这社会乱了，讲虚话，瞎捧人，无聊的吹捧太多了！为啥一定要靠人吹捧抬高自己的身价呢？好好做出点实际的东西来，让人肯定嘛！何必去冒人家的呢，有本事你自己出来嘛！

对假冒的东西，我也没有办法呀！我现在要紧事体多，日夜奔走，时间不够用，有空去和假冒者搞？搞来搞去为几张钞票，有啥用？让伊去！

潘：您这个"90后",90岁上下还大丰收啊——2009年得了中国文联"新中国文艺工作六十年"荣誉称号,2011年还得了"西泠印社功勋章"。

高：哈哈,我是"废物利用"。上海有几百万退休老人啊,我有能力做就做一点,比在家困觉总要好一点,不然要浪费粮食了。哈哈哈哈……

潘真为写本书采访高式熊（高定珠　摄）

艺术传评

  我9岁开始写字，一直跟在父亲身边，读四书五经古文诗词，每天临一张楷书、一张篆书。10岁开始临《说文解字》。少年学篆书，为我日后写字、刻印打下了扎实的基础。

  现在大家问我为啥学艺没走过弯路，我说是碰到了好老师。在赵叔孺、王福庵两位大师的悉心指点下，我从临摹秦汉、浙派到邓石如、赵之谦、吴让之、黄牧甫、吴昌硕、赵叔孺、王福庵和陈巨来等名家，博采众长，形成了自己的风格。

  1947年秋，西泠印社创始人王福庵先生、丁辅之先生邀我等赴杭参加印社补行40周年庆典。小住孤山数日，有幸拜结诸位前辈，探讨印学，切磋技艺，获益匪浅。并赖福庵师之提携，我庆幸成为西泠印社的一员。

  先做老板、后做工人，又做资产阶级、再做回工人，这种经历是别人没有的。如果没有这段经历，我对人生的感悟要肤浅得多。

  人的生命是有限的，但艺术是无限的。我不满足于关起门来写写字、刻刻图章，我还有个"野心"，那就是要让中国的书法篆刻艺术世世代代传下去，并且走向世界。

——高式熊

第一章

童子功

高振霄黎明即起，早餐前要写两张楷书、两张隶书。父亲临摹碑帖时，小式熊恭立在对面盯着看，这叫"练字先练眼"。书写的要领、用笔的妙处，都是一天天看着父亲书写体会到的，看得越多体会越深刻，慢慢就看会了。

长大后，他擅写隶书，常常对人说："我的隶书，是看我父亲书写看会的。"

高式熊来到人世的时候，高振霄已经45岁了。中年得子，自是人生不可多得的礼物，一份值得倍加珍惜的厚礼。

生日是辛酉年（民国十年）的三月十四日，阳历1921年4月21日。

这年六月三十日（8月3日），高振霄给好友写信道："弟三月间得一儿，胎产安善，头额峥嵘，或是成器，但使读书种子有传，便一瞑九京无他望矣。"字里行间，流露着喜悦和憧憬。

宁波鄞县碶闸街叮当桥（今"天一广场"附近），这个早已消失的地名，之所以至今还会被提及，正是因为5岁前在此生活过的高式熊日后成就为一代篆刻书法名家。

关于高家的文字记载，可以上溯到1000多年前的宋朝。《宋史·列传》之第四十八"高琼"："真宗澶渊之役，高琼之功亦盛矣。"这位北宋名将高琼（武烈王），便是高家的祖上。

高式熊记得，父亲有一方图章，上面刻的正是"武烈王三十世孙"。那么，他就是武烈王的三十一世孙了。

《中国书法大辞典》的"高振霄"条，是这样写的：

> 公元一八七七年—一九五六年（八十岁）。浙江鄞县人。字云麓；别署闲云；又号顽头陀、洞天真逸。年七十，自称四明一个古稀翁。清光绪

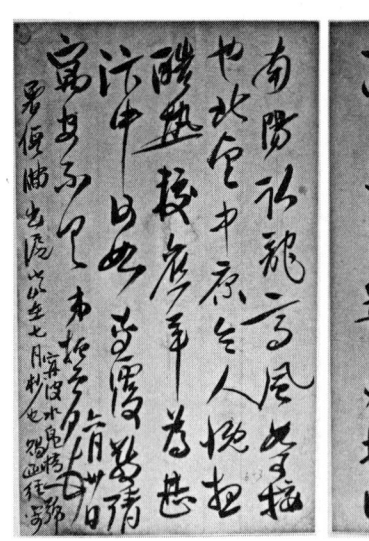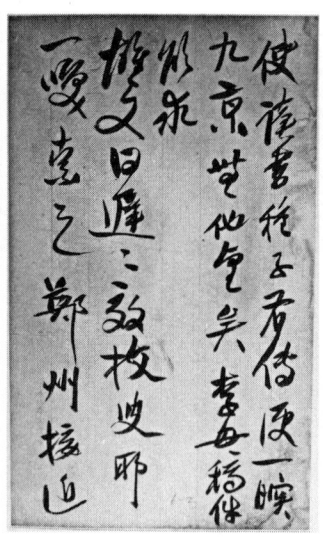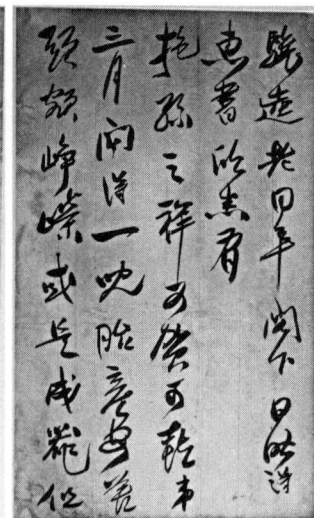

海门一图书馆馆长王皆欣收藏了高太史书札一册,其中有一封高振霄致友人、陆军中将刘邦骥的信,报得子之喜。从信中还可知,高式熊出生的确切地址是宁波水凫桥1号

甲辰(公元一九〇四年)翰林,散馆授编修,与钱崇威、谭延闿、商衍鎏、朱汝珍为同年。翰苑中人,书法多为馆阁体,以光泽茂腴为归。振霄书法则挺秀峭拔是尚,别具风格。临碑读书,日以为常,严寒盛暑,从不中辍。寓沪,榜其居曰云在堂,鬻书自给。寓所与赵半跛相密迩,半跛作画,振霄受其影响,间画梅花,辄题一诗,汇成《梅花五百首》,诗皆七绝,用行书写于云在堂写经笺上,影印赠人,篇末自识云:"壬申夏四月廿五日录讫,将以覆瓿。"子式熊,能承家学,亦以书名。

《上海美术志》这样评论高振霄:

> 现代书法家。……所书不同于馆阁体的光泽乌亮,而以挺秀峭拔为之,别具清淡秀逸风格。……著有《史发微》等。

而《西泠印社志稿》卷二的"高式熊小传",则写道:

> 高廷肃,字式熊,鄞人,高振霄太史之仲子。夙承庭训,工书,楷则尤精。又擅治印,时请益于乡人赵时㭎之指授,造诣至深,实为西泠印社之健者。

"子式熊,能承家学,亦以书名"——家学渊源,子承父业——中国文人的这一美好梦想,是怎样在高家成真的?

父亲高太史

高式熊成名以后,有文章考据其出身,称他为"怀揣文房四宝来到人世"的孩子。

从记事起,他就晓得父亲人称"高太史"。及长,才明白这"太史"是怎么回事:从隋唐到清代,中国实行科举制度,朝廷通过分科考试选拔官吏。清代每三年考一次,文科只设进士一科。高振霄是清光绪三十年甲辰恩科进士,殿试获第二甲第47名,钦点翰林院庶吉士,历任翰林院编修、国史馆协修、赏加侍讲衔。光绪三十年甲辰即1904年,是会试的正科年,因慈禧太后七旬万寿庆典,故改正科为恩科。那一年恩科进士共273名,其中一甲3名(刘春霖、朱汝珍、商衍鎏),二甲120名,三甲150名。

高太史性情刚直,对朝廷忠心耿耿,为官清正廉洁。清王朝覆灭后,他无限留恋,临摹碑帖每逢讳字必定缺笔书写,创作书法作品、写日记喜用"甲辰翰林""光宣侍从""帝询坚苦""我太史也"等钤印。

那些年,从袁世凯、段祺瑞政府,到后来的汪伪政府,都曾派人登门游说,要高太史复出为其效力。有个叫梁鸿志的,是清道咸年间名宦、楹联大师梁章钜的曾

1904年,高太史和他的同僚们

孙，曾任职拥袁称帝"请愿联合会"文牍组，后投靠段祺瑞的皖系军阀，又当选参议院议员、任参议院秘书长。此人因与高太史师出同门，也成了一个积极的登门游说者，当面许愿封官，好话说尽，高太史仍不为所动。

高太史一向痛恨卖国求荣者和贪官污吏，不愿同流合污，因而空怀满腔抱负，报国无门。苦闷中，读杜牧《将赴吴兴登乐游原一绝》，依"闲爱孤云静爱僧"句，为自己起了一个别号"闲云"。

这朵闲云，最终作别京城，回到家乡宁波，又只身去汉口当家庭教师，几年后辗转到上海，终于定居下来，以教学生、卖字画来维持全家生计。

五六岁上，高式熊随母亲姜太夫人到了上海，与父亲团聚。

其时，父亲在可炽铁行当家庭教师。铁行是陈姓同乡来上海开的，老板为两兄弟，两兄弟养育了四个孩子，一道请高振霄教四书五经等中国传统文化。

可炽铁行在北苏州路乍浦路口，二摆渡桥边第一、第二间门面，开门就见苏州河。在高式熊儿时的记忆里，苏州河"闹猛头势勿谈"，铁行进货出货全在河边，码头上挤满了货船，"嗨唷嗨唷"的扛包号子多少年后还在耳边回响。

平时，他就随父亲住在铁行楼上，周末才回家见母亲，享天伦之乐。比他年长好多的哥哥已经在天津工作了，是日本领事馆的文书。他还有两个姐姐、一个妹妹，与父母亲一起生活。

高式熊珍藏着一张自己出生后一天的报纸。这报纸原是家里包书用的，但读书连包书纸也舍不得漏读的他偶然发现，这张报纸上居然登了高振霄定的润例！由此推算，父亲可能正是在1921年前后开始卖字生涯的。当时的上海人以在厅堂挂翰林书法为荣，因此高家开始还能维持优裕的生活。后来历年战乱，求字者越来越少，生活便捉襟见肘起来，最困难时甚至要靠借贷度日。

这样的生活，一直延续到1950年代初期。高式熊太太厉国艳嫁入高家没几年，就见证了高太史鬻字为生的日子，"那时候，生活蛮困难的……老太爷经常要写十几幅对联，全部摊在床上。"

敌伪时期的生活最困难，但高振霄决不为谋利而加入任何组织，以保晚节。这是高式熊最佩服的，"家里已近一贫如洗了，如父亲肯应允出山，景况即可改善；如他自己不去，能让我去谋个差事，也可以聊补家用。但父亲宁守清贫，毫不松口。我敬父亲如山，也和他一起闭门守节，潜心书艺。现在回想起来，他当时的选择是多么的明智！"

父亲这样教育子女："做人最重要的是要有骨气，卑躬屈膝的人永远不会有出息。"父亲还常说："做事首先要想想，什么事应该做，什么事不应该做，不利于国民的事绝对不能做。"

这些话，都在高式熊幼小的心中深深刻下了烙印。在人生初始的岁月里，大约30年的时间，他有幸与父亲朝夕相处，学到了做人的品格——不向邪恶势力屈服，不做不利于国家人民的事。父亲的人生哲学，成为他的人生哲学。

蒙学四明村

在上海，高家最早住在慕尔鸣路（今茂名路）福益里，三年后，搬到重庆路三祝里，又住了三年，迁入四明村（今延安中路913弄），从此再没离开过。

建于1922年的四明村，原来叫成和村，只有临街的两排房子，"八·一三"淞沪抗战以后卖给了四明银行。1928年，四明银行前后两次投资，扩建为现在的格局，并改名为"四明村"。

据民国二十三年出版的《中国之储蓄银行史》记载：1908年诞生于上海的四明银行，是我国最早的商业银行之一，由旅沪宁波人集资创办，后来被慈溪籍的孙衡甫盘进。自孙衡甫开始，银行把投资房地产作为宣传手段和增值手段。在宣传上，这些房产被统统冠以"四明"或与之相关的字样——除四明村外，还有四明里（位于今淮海路）、四明别墅（位于今愚园路）等；在增值上，由于旧上海时局动荡，银行大多不敢向摇摇欲坠的工商业放款投资，银行家们便划拨资金开拓房地产经营，希望从出租中获益，四明银行当然亦不例外。

四明村之所以在当时众多的石库门弄堂中脱颖而出，是因为它是上海新式石库门里弄的典型代表作。不同于上海的老式石库门，四明村规模更大，单幢楼的占地面积缩小，偏向"空中"发展，一条南北走向的总弄连通延安中路与巨鹿路，弄内楼房呈鱼骨状排列。建房之初，它就强调独门独户，有自来水，每幢楼都配备了卫生设备，大多数楼还通了管道煤气，这在当时是很有创意且非常罕见的。良好的文化氛围，吸引了不少文化名人聚居于此。

泰戈尔莅临上海，两次住在四明村徐志摩的家中。这就是为什么今天四明村的墙壁上，镌刻着泰戈尔的诗句"树就像大地的渴望，它们都踮起脚尖向天窥望"，而不远处是徐志摩的诗句"阔的海空的天我不需要……我只要一分钟，我只要一点光"。（注1）

高家的房子，是三层楼的，每层正屋26平方米左右，后面是两个亭子间，底

注1：2005年5月，四明村被上海市文物管理委员会、静安区人民政府命名为"文化名人村"。四明村入口右侧的墙上，镌刻着在这里居住过的文化名人：章太炎（文学家、思想家）、高振霄（书法家）、吴待秋（书画篆刻家）、王福庵（书法篆刻家）、周建人（文学家）、朱积诚（书画篆刻家）、徐志摩（诗人）、来楚生（书画篆刻家）、陆小曼（画家）、泰戈尔（印度诗人）、胡蝶（电影演员）、吴青霞（画家）、严俊（电影演员）、高式熊（书法篆刻家）。

楼则是灶披间。高式熊与父母、姐姐、妹妹住在这三层的楼房里，父母住二楼，他住三楼。旧时上海，有不少这样过着小日子的小康之家。后来，运动来了，高家一次次受到冲击，劫后余生，房子只保留了三楼的一房一亭子间。就这三楼的一房一亭子间，高式熊一直住到今天。

9岁，高式熊正式接受启蒙教育——不是上外面的学堂，而是跟着父亲学习儒家经典、古典文学和书法。

高振霄不想让宝贝儿子在动荡的政局下，跑到治安不良的社会上，接受差劲的教育；他自信，多年来通过当家庭教师已积累了丰富的教学经验，完全可以胜任儿子的家庭教育。

从此，这个小儿子就一直在父亲身边，没有外出上过半天学，一对一教与学，从《三字经》《百家姓》读起，由浅入深，循序渐进，"像煞专职研究生……环境绝对好，有利条件那么多，就看自己要不要学！"

高振霄上午给别人家的孩子上课，下午给自家的孩子上课。起初课堂设在铁行楼上，后来时局越来越不安定了，陈家怕孩子被绑票，只好每天用小汽车接送家庭教师去唐山路陈宅授课。再后来，"一·二八"淞沪抗战爆发，虹口、闸北都沦为战区了，家庭教师也就做不成了。

不再外出教书的高太史，天天在家闭门画梅花，每一幅梅花画题写一首七绝咏梅诗，前后题了500多首。梅花成了他托物言志，表达自己不屈不挠、坚韧不拔志向的最佳载体。他曾抄了200首咏梅诗影印送人，影印本《高云麓太史梅花诗二百首墨迹》由光绪丙午贡生苏宝盉题签。

与一般学校里的老师不同，自成一家的高振霄教子，身教多于言传。

除了为求字者写字，他没有一天不临汉碑，先后临写《张猛龙碑》《郑文公碑》《礼器碑》《张迁碑》《华山碑》《夏承碑》各500余通，临本多达3000本。他还坚持阅读《史记》《三国志》《前后汉书》等史书，每日一篇书写治学日记——《静远斋高氏日钞》，从不间断，写了237册。他还著有《史发微》等书。这种精神，曾感动逊帝溥仪，后者对他赞赏有加。那枚绘有双龙围绕的"帝询坚苦"之印，正是为此刻来自勉的。

每天天不亮，高振霄就起床了，早餐前要写四张字（两张楷书、两张隶书）。小式熊正在嗜睡的年龄，可家教那么严，他哪里敢偷懒，只好跟着父亲的作息时间，被叫醒起床。父亲临摹碑帖时，他恭立在对面盯着看，这叫"练字先练眼"。书写的要领、用笔的妙处，都是一天天看着父亲书写体会到的，看得越多体会越深刻，慢慢就看会了，印在脑子里抹不掉了。

长大后，他擅写隶书，常常对人说："我的隶书，是看我父亲书写看会的。"

高太史梅花詩二百首墨蹟

嘗誦鄉先正林處士賦梅殊覺
影之內任佃生處為之神怡人穌
其梅之搞其人實家石可可高夫子
載下足典廣于梅賦抗帝老在
有此耳墨梅始祖派於宗華

龍門作史時不華哈
奇氣迴薄萬古心淋
漓吐滿空
詞九

踏破芒鞋無覓處
天風吹見精神偃成
生少烈山畔不藪陳
治神清對雪霧任
是來田戍大海芒心
王魁感甄
詞十

詩人心拼作陳人坐
頓空香色界銷煙破
裏堂生春
詞十一

一樁即慈航
詞十一

人間祗道陽艷世外
詞十二

明知冷暖侵竹杖芒
藜深谷裏巯之藜
自戌林
詞十三

國之匪之墨橫斜項
院書艷未攜花一百
龍門馳出沒兩行金
烟送題家

高太史梅花詩集

吃了早饭，是雷打不动的上课时间。父亲教的是四书五经、唐诗、楚辞、礼记、春秋、左传等等。古文是抄了读的，唐诗则是一天一首必须背出来的。线装本的书，一个课程要读400字到500字。

中饭后，便是写字，父子俩在一个房间里各写各的。2点开始读书，直到5点才下课。冬天的5点，天都快擦黑了。真是起早贪黑地用功啊！

天天如此，"训练绝对严格，也没有礼拜天的。"

20岁不到，每个月就要由父亲出题目做论文。经书的题目比较多，父亲喜欢取书中的句子出题。偶尔有一次的题目是作诗，作了两三首诗，算是处女作吧，到现在还保存得好好的。

最早写的篆书、最早刻的图章，也保存得好好的。

中国古人"敬惜字纸"的传统，高式熊继承得很彻底，而且好习惯持续了一辈子。

根据父亲的精心安排，高式熊习书法，从学欧阳询《九成宫》入门，临写了20多年，楷书还临欧阳询的《皇甫君碑》、褚遂良的《孟法师碑》《圣教序》和柳公权的《玄秘塔》等；小楷学唐人写经、赵孟頫等；行书临《集王圣教序》《兰亭序》等，晚年则喜爱鲜于枢行草书；隶书临《礼器碑》《张迁碑》等；篆书临《石鼓文》《峄山碑》《泰山碑》等，其中仅《石鼓文》就临了百余通。

坊间有署名方祖荫的文章，这样写高式熊："在父亲的口传心授之下，他的书法出规入矩、端雅大方，临池之勤，数十年如一日，正、草、隶、篆、行皆能，篆书尤精，融诸家之长，成自家之风格。"

《书诀》云："古大家之书，必通篆籀，然后结构淳古，使转劲逸。"就是说，不学篆书，不研究《说文解字》，何以通晓字学之源流？因此，高太史要求儿子学习《说文解字》，每天几十个字，一边学写篆文，一边理解字义。

《说文解字》，是我国第一部系统分析字形、考究字源的字书。作者许慎根据文字的形体，创立540个部首，将9353字分别归入540部，540部又据形系联归并为14大类。字典正文就按这14大类分为14篇，卷末叙目别为1篇。《说文解字》共15卷，其中包括序目1卷。此书系统阐述了汉字的造字规律——六书。它的体例是，先列出小篆（如果古文和籀文不同，则在后面列出），然后解释这个字的本义，再解释字形与字义或字音之间的关系。部首按照形体相似或者意义相近的原则排列。《说文解字》开创了部首检字的先河，后世的字典大多沿用这个方式。段玉裁称这部书"此前古未有之书，许君之所独创"。

《说文解字》中有些字，现在即使中文系研究生也不认识了。而年方10岁的高式熊，一拿到这部大书，却像发现了新大陆一般又惊又喜，一个字一个字地钻

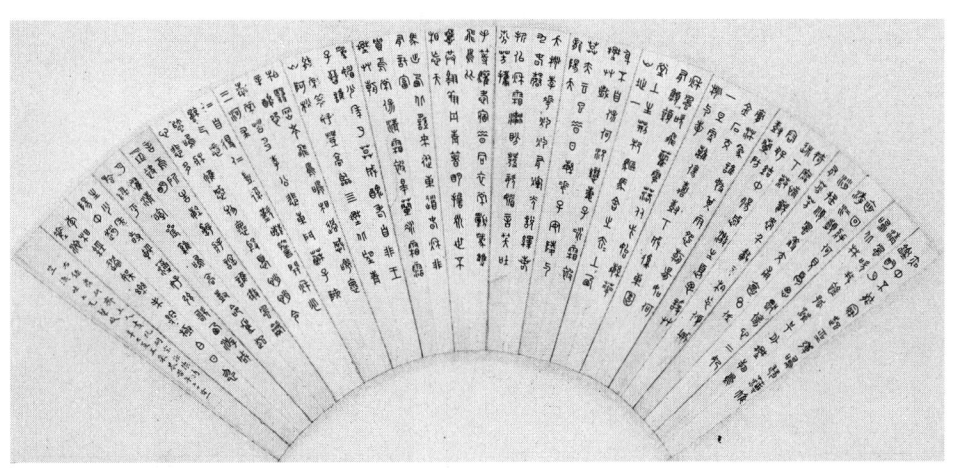

高式熊 21 岁（辛巳五月）书写的扇面

研，前前后后摹写了四通。

少年学篆书，为日后学习书法和篆刻打下了扎实的童子功。

那时候，父亲每写完一幅字，站在一旁练眼的高式熊就学着父亲的样子，拿起图章，打印泥，敲到那幅字的左下方或右上方或父亲指点的别的位置。他最喜欢帮父亲在书法作品上"打图章"（钤印）了，觉得特别好玩。对书法作品乃至篆刻作品的结构、布局等等的审美观，是在不知不觉当中养成的。

图章打多了，不免手痒，想自己什么时候也刻一方试试。学写篆书、认识篆文后，他更喜欢印章了。他小小年纪就对《说文解字》着迷，原因之一正是"篆书可以用来刻图章"。

家里父亲的藏书，他极感兴趣，从小就东翻翻西翻翻，好奇心十足，虽然书上的字大多不认识。偶然，翻到一部家藏的《金石索》。

《金石索》是清代金石学著作，由冯云鹏（晏海）、云鹓（集轩）兄弟二人编辑，书目文献出版社据道光三年邃古斋版影印。

冯氏家藏珍宝无数。但冯云鹏认为，只有金石能够传世久远，可自宋代以来，人们的精力都集中于铜器方面，有意无意忽略了"石"。有鉴于此，冯氏兄弟下决心自己动手，改变这种状况。开始主要是冯云鹏独自把在游历中见到的有铭文的金石器"绘录"下来，后来冯云鹓加入，两人遍访古迹古物，对收集来的金石作品进行考证，历时五年，完成了几十万字的考证文字。又请画工绘图，边继续收集、撰写，边印刷，终于完成出版《金石索》。此书 12 卷，金索（6 卷）收商周到汉和宋元时的钟鼎、兵器、权量杂器，以及历代钱币、玺印和铜镜等；石索（6 卷）收历

1947年,高式熊与父亲高振霄

代石刻,以及带字的砖和瓦当。每种器物大多有器形图和铭文拓本,后面有冯氏的释文或考订。书中所用材料,部分是冯家的藏品,部分则是黄易、叶志洗、桂馥诸家的藏品,还有的采自宋代和清代的各家钟鼎款识或专著。

在这部古器物大全中,有两本玺印,书中的汉印使小式熊爱不释手。可父亲坚决不允许无关的事干扰他专心读书,刻图章就是与读书无关的事,父命难违,他只好偷偷自学。

那一年,他16岁,父亲60岁。他为父亲刻了一方"六十以后作"。这方章,纪念意义蛮大的——既是儿子亲手为六旬父亲制作的礼物,又是他的篆刻处女作——却也是偷偷刻下的。父亲见了这特别的礼物,现出惊讶表情,收下了,以后也钤在作品上,但并没有松口说儿子从此可以学刻印了。

后来,看到报上刊登孔云白著《篆刻入门》一书的广告,高式熊就偷偷跑去书店把书买回家。当时,家里的经济条件也不允许他在读书之外花闲钱,他临摹《篆刻入门》中的汉印,仅有一块石头,只好刻成一方、磨掉,再刻一方、再磨掉,如此反复摹刻了好几年,乐在其中。磨掉的那无数方印章,在他眼里只不过是少年习作,并不足惜。

第二章

师从大家

"那是我刻章最得益的机会!"高式熊到了晚年还是念念不忘自己的运气好,交到好几位良师益友,学艺途中接触到的就是正路,所以没走过什么弯路。

当然,名师与高徒,也是相辅相成的。如果学生先天就不是这块料,后天又不思进取,看着不成器,恐怕再好的老师也不会有兴趣投入吧。高式熊也说:"我自己没有辜负这些条件!"

高振霄府上,来来往往的客人非常之多,不少是清朝遗老(颇有几位还拖着长长的辫子),可以说"谈笑有鸿儒,往来无白丁"。当时,几乎所有上海书画界的精英都在高家露过面,有不少还是常客。

在那样的一种氛围里,高式熊从小见多识广,而且还能有所选择——哪些人是值得交往的,哪些人只是过客。

搬到四明村后,11岁的他就成了父亲的助理,负责迎来送往,父亲见或者不见谁也由他说了算。家里的6个书架、3000册书,父亲从来不需要动手,要用哪一本就差他去找,他总是能够迅速把书递到父亲手上。

父亲带他拜识的翰林,有寓居上海的安徽合肥人、最后一任科举考官龚心钊。高振霄考中进士的卷子,正是龚老批的。还有一位住在江阴路的陈夔龙,当过两广总督,也是清朝的阅卷大臣。这两位,都是他父亲的老师。

高式熊虽与篆刻天生有缘,但开始学刻印只能搞搞地下工作,直到遇见他生命中的几位贵人。

太老师龚心钊

龚心钊先生,是父亲的老师,便是高式熊的太老师了。

1935年的龚心钊，上面的手迹记录了摄影缘由

太老师知道年纪小小的他在学篆刻，心里很是欢喜，拿出家藏的原拓印谱《瞻麓斋古印徵》《敏求室印屑》和影印本《陶斋藏印》，让高太史带回家给小儿子学习。从此，他跑太老师家比父亲跑得还勤。太老师打心眼里欣赏这个好学的少年，祖孙辈的师生于是成了忘年交。

龚宅在戈登路（今江宁路），占地3亩。龚家祖上出过大使，因此龚心钊小时候就到过英国。光绪年间，他曾出使英、法等国，清末又出任加拿大总领事，成为著名的外交家。由于家底雄厚、人脉深广，他从20岁随父到上海后就开始收藏，藏品在上海滩算得上档次的。

如现藏上海博物馆的"国之重器"商鞅铜方升，是战国商鞅任"大良造"时所颁发的标准量器。底部刻秦始皇二十六年诏书："廿六年，皇帝尽并兼天下诸侯，黔首大安，立号为皇帝，乃诏丞相状、绾，法度量则不壹歉疑者，皆明壹之。"据《史记·秦本纪》记载：孝公"十年，卫鞅为大良造"。证明秦始皇统一中国后，仍以商鞅所规定的制度和标准统一全国的度量衡。"爰积十六尊（寸）五分尊（寸）壹为升"，即以十六又五分之一立方寸的容积定为一升。说明早在公元前300多年已经运用"以度审容"的科学方法，反映了我国古人在数字运算和器械制造等方面所取得的高度成就。

其他如战国越王剑，宋代米芾、马远、夏圭等名家书画，宋汝窑盘，时大彬、徐友泉、陈鸣远、陈曼生等制的紫砂壶，都是一等一的珍藏。1949年后，上海市长陈毅筹备上海博物馆时，到龚家看过米芾手卷，所以龚家后人便将这件宝贝让给了上海博物馆。

少年高式熊

龚心钊学问渊博，做收藏又以精细出名，是民国初年上海赫赫有名的鉴赏大家。龚家长年雇佣学有专精的工匠。每有珍宝入门，龚心钊总是量好尺寸，要求工匠制作各种锦盒、木匣，自己在旁口头指导、督工。

高式熊曾在龚家见过一个供春壶的盒子，但不敢要求看里面的宝贝茶壶。

在中国紫砂文化史上，供春是一个开创性的人物。他参照寺院内大银杏树的树瘿做的"指螺纹隐起可按"的供春壶，造型古朴精工，温雅天然，质地纯薄坚实，久负盛名。坊间有"供春之壶，胜于金玉"之誉。周澍《台阳百咏》云："最重供春小壶，一具用数十年，则值金一笏。"传世的供春壶极少。

龚府因珍藏了供春壶，故有斋名"春供庐"。

某个秋日，高式熊又去龚家拜访，惊见堂堂太老师正钻在花园乱石堆里捉蟋蟀，弄得灰头土脸的！在龚家的收藏中，历代名家制作的蟋蟀罐也是一大宗。高式熊现在藏有两件蟋蟀罐，正是太老师当年所赠。

而最让高式熊心仪的，是龚家所藏印章——自战国至六朝的铜、玉、石的官私印章，有2000余方，实在是既丰且精！这些藏印出过印谱，那可都是原打的印谱，不是印刷出版的。有些藏品，简直惊天动地，比如一本印谱在现今的拍卖行卖出几

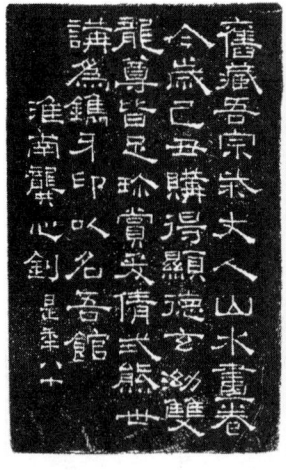 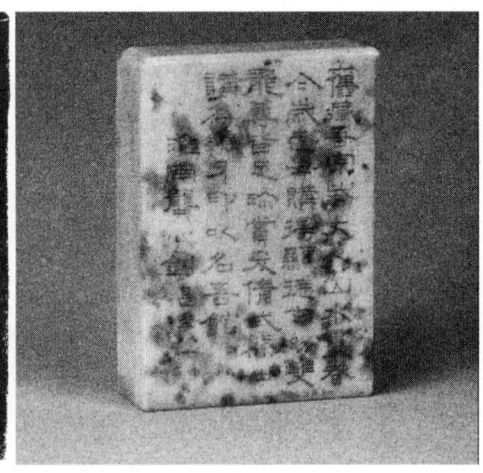 

高式熊为龚心钊刻的象牙章

万元的高价。

有一次，太老师得到一枚古玺，让他带回家"仿制一只看看"，带有考考他的意思。考试结果，当然是赢得了太老师的认可。用黄杨木摹刻古玺的印章，他珍藏至今。

1949年，高式熊为龚心钊刻过一方象牙章"柴尊馆"，用隶书镌刻的边款由太老师亲自撰写："旧藏吾宗柴丈人山水画卷，今岁己丑购得，显德玄泑双龙尊皆足珍赏，爰倩式熊世讲为镌牙印以名吾馆，淮南龚心钊是年八十。"

龚心钊在1949年故世，1960年他的后辈将500多件"瞻麓斋"文物捐给了上海市文物管理委员会。半个世纪之后，嘉德拍卖行春拍推出的文房清供主题专场，即以龚心钊旧藏古器珍品为主轴。

2007年初，西泠印社拍卖有限公司举行2006年秋季大型艺术品拍卖会，象牙"柴尊馆"印拍卖，以3.52万元成交。

在那场名为"犀象印萃"近现代名家篆刻专场的拍卖会上，拍品中，高式熊刻的象牙章就有九方。

从赵叔孺到张鲁庵

另一位忘年交，是赵叔孺先生。

赵叔孺精研古金石学，给友人印谱题序爱写历史知识及精辟见解，"举凡篆刻的起源、印章的由来、印谱的钤拓收集，都能历数其年代沿革，教学后人。"（张念祖《近代宁波书画篆刻家赵叔孺》）

赵叔孺一生篆刻约千钮，绘画不过百帧，但画马有"一马黄金十笏"之盛名。

赵先生是高振霄的挚友、同乡，著名书画篆刻家。高式熊出生时的家——宁波水凫桥（今孝闻街和永寿巷十字交叉口）1号，与赵叔孺的家相邻。

少年高式熊得到一本《赵叔孺印谱》，里面有300方铃稿。这位篆刻家精湛的艺术使他深为折服。每天晚上，在灯下，他按着印谱勾摹，直至深夜。

21岁的一天，他径自去威海路赵府拜访。

见了赵叔孺，他迫不及待地呈上自己临刻的印谱和图章，问："我看过许多篆刻书籍，其中有赵凡夫十三法，冲刀法、切刀法等等，究竟什么是刀法？我会不会刻？"

赵叔孺仔细看了他带去的印谱和图章，赞不绝口："侬这方图章，蛮好蛮好！刻得交关好！"然后告诉他，"只要能刻成字就是刀法，关键在于自己的掌握。"

自己的习作得到肯定，高式熊兴奋啊！不过听赵先生说刀法，又不免有点失望——原本以为篆刻是多么复杂多么高深的事，没想到专家竟是如此看淡。但再琢磨赵先生的话，他又悟到：学篆刻，就是要多实践、多体会，不要被书本上的名词缚住手脚，重在自己的把握能力上。于是，更坚定了发奋学习篆刻艺术的信心。

赵叔孺肯定了他师从秦汉的方法是正确的，又一笔一画点评他刻的印章。听说他因买不起石头而刻一方磨一方，赵连连叹道："可惜啊！可惜啊！"然后又听说高太史不支持他学印，忙说："我来跟你父亲讲，他会同意的！"

改日，赵叔孺就对高振霄提起高式熊的刻苦和天赋，"你怎么能不给他刻图章？好好栽培啊！你不得不栽培啊！"这样一来，地下工作名正言顺地转为公开了。

虽然高式熊与赵叔孺见面不超过10次，但赵叔孺对他艺术生涯的最初几步起到了举足轻重的作用。

张鲁庵编的《黄牧甫印谱》，是赵叔孺竭力向高式熊推荐的。赵先生知道此印谱5元的高价高式熊难以承受，便说："你不必买，做这部印谱的人会送来的。"

过了些时日，一位中年人寻上门来，自报家门："我叫张咀英，赵叔孺先生叫我来的，这印谱送给你。"来人正是赵叔孺的学生，篆刻家、收藏鉴定家张鲁庵。

张鲁庵当时42岁，正好比高式熊大21岁。他说，自家从前就在四明村108号，所以对这一带相当熟悉。

两人一见如故。那是1941年4月。又一段忘年交开始了。

"几时我请你吃顿饭，你到我家来看看。"张鲁庵邀请高式熊去江阴路九福里他的家。

不久，高式熊登门拜访张鲁庵。进了门，他大吃一惊：不得了，四面书橱里全是印谱！张家有三间书房，专门用来藏印谱和印章。满满三间书房的印谱、印章，到底有多少呢？张鲁庵《从师回忆录》中有统计数字："积年既久，所获渐多，共得古今印章四千余钮、历代印谱四百余种。"

没等高式熊回过神来，张鲁庵就对他说："今天是让你来看看我家环境的。你学篆刻，必须多看印谱，最好看原拓印谱。我看你家里不宽裕，也买不起印谱，你不用买了，我的这些印谱印章就是你的。今后你要看什么，由我来安排。"

每次说起这个故事，高式熊总是无法平静，甚至语带哽咽，"我最难忘的一件事，就是鲁庵先生主动送我印谱，鼓励我多看勤学，为我创造良好的学习条件。……他的这种无私提挈后人、一心为发扬篆刻艺术的高贵品德，使我终生难忘！"

从那年四五月起，张鲁庵每次拣出一些印谱，五六种、七八种，附一份清单，打个包，派车送到高家。高式熊看完，只要打个电话，他就再派车送来一包，换回看完的那包。

"都是价值连城的名家印、古印啊，我却可以随便翻翻白相相。我是很有眼福的人！像我这样的人不多，能把张鲁庵收藏的所有印谱全都看过的，除了我，只有陈巨来、方介堪、叶潞渊几个人。"何等奢侈的学习条件！起点高，过眼的全是精品，自己又好学，怎么可能不一步步走向成功？

所以，他完全有资格说这样的话："现在搞收藏的人，见过多少好东西？"是啊，现在原拓本薄薄一本就要几万元，现代人只有看印本的份了；而真有财力从拍卖行拍得原拓本的，又有几人欣赏得了个中奥妙呢？

此后两年左右，高式熊看了几百种印谱，勾临了大量印件。后来玩起照相机，他想，要是当年学印时有照相机就方便多了；但转念又一想，正因为那时候没有照相机，只好用纸头勾印件，每一笔都经过自己的手，印象才深刻，对刻印的提高太有帮助了。

高式熊成了张家的常客。他所用的图章石头、刻刀、印泥、印谱纸等等，也都是张鲁庵提供的。张鲁庵甚至在自己的书房里为他安放了一张写字台，把房门钥匙也给了他，让他自由进出。

他把自己的习作拿给张鲁庵看，先生从来不敷衍他，更不会颠倒黑白哄他，每次都直接指出习作中的毛病；有时先生也把自己的作品给学生看，要他挑毛病，学生要是不敢直说，先生会不高兴。

物力上的种种帮助，使年轻的高式熊如虎添翼。他更加勤奋了，孜孜不倦地临刻，而且再也不必吝啬石头，得以遵从赵叔孺先生的教导，刻一方，留一方。

一些友人见过高式熊的《二弩精舍印谱》勾摹黑稿20开2本、著名印谱影描

此仿漢鑄稿之印
乙丑仲秋仿於蝯齋

取法兩京吉金文字
歲次丁丑嘉平月

高式熊勾摹的张鲁庵所藏《二弩精舍印谱》（局部）

摹本64开10本，除了这些已装订成册的外，还见过不少有待厘订的散叶。张鲁庵的那么多印谱、印章中，字法高妙而章法独到之处，他都一丝不苟地摹刻，连边款也一一照录。

眼里进去、烂熟于心、手里出来，一个天资聪颖的人如此下笨功夫，没有不成功的道理。

"那是我刻章最得益的机会！"高式熊到了晚年还是念念不忘自己的运气好，交到好几位良师益友，学艺途中接触到的就是正路，所以没走过什么弯路。一般年轻人哪有那么好的条件，得到那么多方面的无私帮助。

当然，名师与高徒，也是相辅相成的。如果学生先天就不是这块料，后天又不思进取，看着不成器，恐怕再好的老师也不会有兴趣投入吧。高式熊也说："我自己没有辜负这些条件！"

张家是杭州四大家之一，张鲁庵是张同泰药店的小开。这位小开不好好管着药店的账，却跑到上海来拜赵叔孺为师，刻印、收藏印谱。

高式熊后来整理汇辑《鲁庵所藏印谱简目》一册四卷及附卷，曾引起书画界的轰动。因为400多部印谱中，原拓本、印本，所有名印谱都被囊括了。其中，包括那部100册的《十钟山房印举》，那原是陈介祺赠吴大澂的旧物，张鲁庵花了800两银子，从吴大澂之孙吴湖帆那里购得。张鲁庵可谓当时篆刻界举足轻重的人物。70年后的2011年岁末，西泠印社拍卖有限公司拍了一方张鲁庵的象牙图章，成交价逾20万。

1953年编成的《鲁庵所藏印谱简目》一册四卷及附卷，分别为秦汉以来官私印谱、秦汉官私印摹刻本、各家刻印、各家集印及鲁庵藏印编辑印谱。

王福庵为之作序：

> 印章始于殷周，盛于秦汉。历魏晋唐宋以迄于今，由来尚矣。与钟鼎彝器碑碣文字同为历来考古家所重视。印之有谱，肇自宋宣和殿。印谱之有目录，始于晁公武郡斋读书志，至清四库全书目录亦有记载。周亮工印人传、汪启淑续印人传、叶为铭广印人传、翁大年印谱考略，所载举其简要，至叶氏印谱存目，始着考据。其后罗福颐印谱考、庞士龙印谱目忆录、瞿凤起印谱目、日本静嘉堂秘籍志、太田孝太郎古印偶存，所列无虑百数十种，可谓前有辉后有光，足资考索家之一助也。慈溪张鲁庵为吾友赵叔孺入室弟子，笃好篆刻抗心希古，辑耆古今印谱四百余种，匦藏架庋灿然大备，为从来收藏家所未有，壮哉一奇观也。其用力之殷，囊括之富，良足多矣。曩年与其同学永嘉方介堪编制目录，鄞县朱凝霞为之校对，考证异同犄具崖略，并将印谱中序文跋语题识诗词一一裒录，历两载

有余，积稿盈笈笥。余尝与褚礼堂、唐醉石过其斋头，鲁庵出以见示，余曰卷帙重则校对难，成书亦非易，不如于序跋存其尤者，考核取其简要者易于省览。鲁庵深题余言，从而删去十之九，并增所见而识录者百余种，名其书曰印谱过目考。稿初成余曾浏览一过，尚嫌刊落有所未尽，适此时干戈扰攘未遑整理。今年夏鄞县高式熊相与从事，但阅时既久稿多零乱，所箴亦有所损益，重为编次摘取简目分为四卷，付梓以供同好。故先为之序至其过目考一书审考校订尚须时日，天假吾年还当执笔以俟。癸巳仲秋，仁和王福庵。

高式熊、张鲁庵分别为之作跋：

辛巳春，晤张君鲁庵于赵世丈叔孺先生寓斋，先生谓余曰，学刻印必多阅印谱，则下笔奏刀便有程法。鲁庵收藏甚富，如明之顾氏集古、范氏集古、松谈阁、学山堂以及近代诸家印谱，凡举海内希有者皆不惜重资得之，数十年来收藏逾四百余种，藏印谱如鲁庵者可称巨擘矣。因为余介绍，鲁庵尤好与同道相切磋，时时携印谱过舍，更易假阅，每有所得不避风雨招余往观，数年以来获益匪浅，私幸眼福盛感鲁庵之雅意也。鲁庵尝以所藏各谱编次目录，详为考证，名其书曰印谱过目考，比之近代诸家印谱目录皆有过之，但卷帙繁多尚未成书，项因索阅者众，拟先编简目以供同好。今年余消夏沪壖，日长无事，为其编次，只稽其前后年代、版本广狭、印格形式，迄二月蒇事，分为四卷，曰秦汉以来官私印谱，曰摹刻官私印谱，曰各家篆刻印谱，曰各家所集印谱，而以鲁庵藏印自辑制谱附于卷末，共四百零四种，编次既竟，爰识数语于后。癸巳仲秋，鄞县式熊高廷肃。

吾国之有印章历史悠久，已历三千八百余年，分为二类，曰官印，曰私印，官印自帝王公侯将相军政职司封建郡县以及边远少数民族蛮夷土司，私印自宗教寺观姓氏名号斋堂馆阁商店工厂皆有印记，历代制印者有印师印工，铸铜范铁砻石冶金，敲凿车磨雕镂篆刻，皆劳动人民技工艺术之结晶，乃吾国文化之寄迹也。印之有谱无异彝器钟鼎碑帖拓本，为考据先民文艺极为重要，余留意于此垂三十余年，搜集所得都四百零四种，今夏高君式熊为我编辑简目，付之油印，分送同好以资考证，如欲校对版本考核印章，通信来询愿为奉答，以求互相研究最所盼望。公元一九五三年八月，慈溪鲁庵张咀英启。

另一位恩师王福庵

今天说起篆刻，人们都知道陈巨来——20世纪中国杰出的篆刻家，著名书画家、诗人，其篆刻被人誉为"三百年来第一人"。而高式熊拜识的赵叔孺先生，正是陈巨来的老师。当时与赵叔孺同为篆刻大家的，还有王福庵。

赵、王二位，在高式熊眼中，是"当代篆刻家中路子最正的人"。

西泠印社官方网站上，这样介绍"创社四英"之一的王福庵：

> 王福庵（1878—1960），初名寿祺，又名禔，字维季，号屈瓠，别署罗刹江民，70岁后自号持默老人。室名麋砚斋、春住楼。浙江杭州人，后居上海。西泠印社创始人之一。其父王同曾任杭州紫阳书院山长，娴熟杭郡历史掌故，家藏汉魏六朝金石文字拓片甚多，为著名学者。王福庵自幼受家庭影响，喜收集印章，自称"印佣"。工书，凡钟鼎籀隶无所不能，以篆隶名世，继浙派薪传，去芜存精，追溯秦汉，博采清代以来诸家之长，风格典雅蕴藉，秀丽飘逸，淳古厚重。边款文辞清丽，用刀爽挺，精整透雅。史评为近世工稳印风代表大家，与吴昌硕比肩印坛。曾任民国政府中央印铸局技正、故宫博物院鉴定委员。

王福庵也是高振霄的好友。他刻的印，典雅隽秀，给高式熊留下深刻印象。

这位长辈，住在四明村3号，离高家很近，一个星期要碰头两三次。高式熊经常拿了写好的印稿、刻好的图章去王府，向福老请教。

久远的记忆中，有一幕像电影画面：福老躺在藤榻上刻图章，双手是悬空的，一刀一刀却刻得很深。躺刻的典故，高式熊在某一方王福庵刻章的边款上见过记载：那是一次触电事故的后遗症——福老再也不能坐着治印了！藤榻的旁边，备着白酒和花生酱，那花生酱不是盛在碟子里或碗里的，竟是盛在印泥缸里的。

"老酒吃吃、图章刻刻"，这种艺术生活的情趣深深熏陶了年轻的高式熊。"白相有多种白相法，我又讲从前的人比现在的人会得白相了！"

虽然没有正式拜过师，但福老对高式熊比师傅对徒弟还亲，像对自己子女一般，有时就让他在自己房间里学习。福老跑到高家关心高式熊学印，离开时坚决不让送行，"不要送！来去自由，你自己管自己！"

但对于高式熊的作品，福老完全是讲实话，的确好的他会讲，缺点更是绝不放过，要求按修改意见改正，甚至重刻。曾经有一枚印章，刻了磨、磨了刻，改刻了四五次才过关。“那是真正的批评，他从来不哄人。”

高式熊崇拜王福庵，用心向学，久而久之，他临福老的章几可乱真。

晚年的高式熊，回忆起赵叔孺、王福庵二位，依然感恩、难抑激动，“每次见面，每次都是学术讨论！谁有我这么好的学习条件?”

在两位大师的悉心指点下，高式熊从临摹秦汉、浙派到邓石如、赵之谦、吴让之、黄牧甫、吴昌硕、赵叔孺、王福庵和陈巨来等名家，博采众长，终于自成一格。

1945 年冬天，25 岁的高式熊把多年来刻的印编成一册《篆刻存景》。这是他的印谱处女作。

周秦鉨印傳世者極少自陳簠齋
菁華始多至清末而出土甚夥體
格奇異直難枚舉設使何鄧丁趙
諸家得見之則融會歷朝其魄力
神味當有更勝於吾輩今日所見
其諸作品此時代所限也

式熊世講英年銳學所觀摹者已多
偶運鐵筆神涯於古其氣息清峻又
非當世之規規於模擬者所可同日
而語在昔二文繼美衡山
式熊其不多讓乎余樂而為記此
乙酉嘉平　合肥龔心釗 是年七十六歲

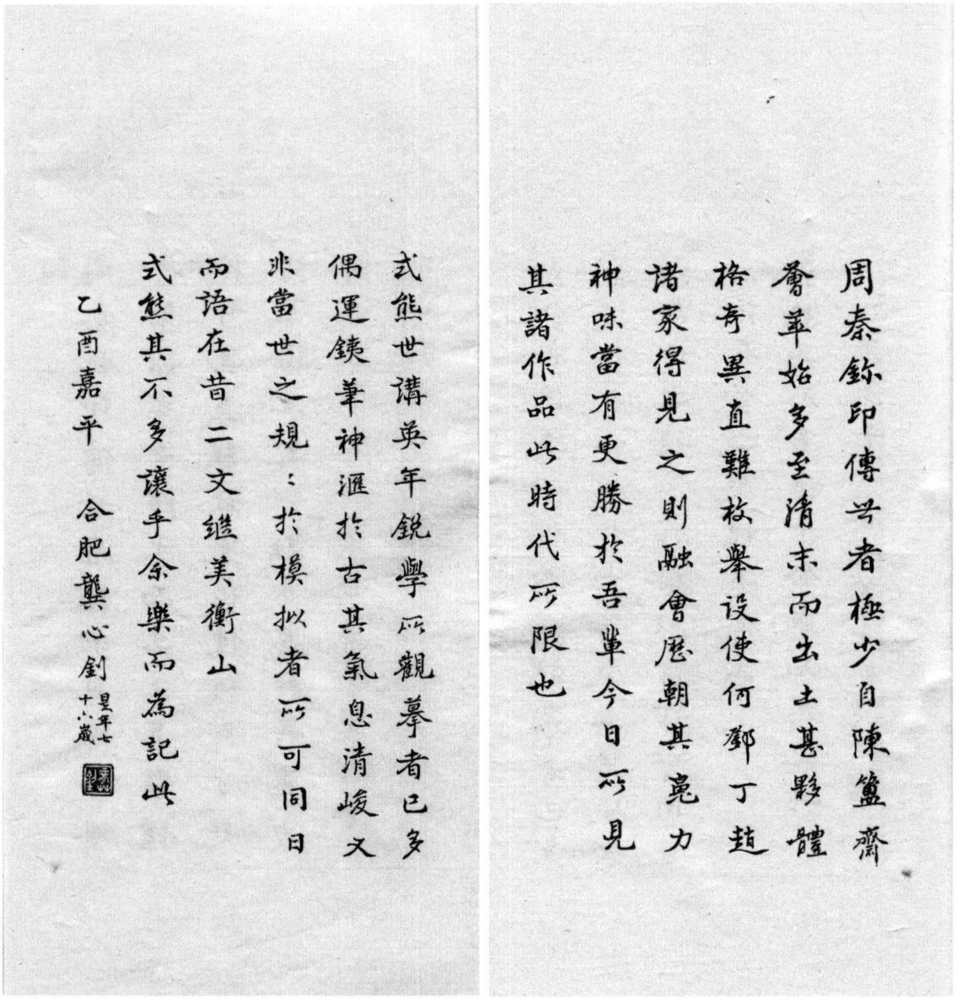

龚心钊为《篆刻存景》作序

太老师龚心钊比作者本人还欣喜，展纸研磨，提笔以蝇头小楷作序，字迹工整而又挥洒自如：

> 周秦玺印传世者极少，自陈簠斋荟萃始多。至清末而出土甚夥，体格奇异，直难枚举。设使何、邓、丁、赵诸家得见之，则融会历朝，其魄力神味，当有更胜于吾辈。今日所见其诸作品，此时代所限也。
> 式熊世讲，英年锐学，所观摹者已多。偶运铁笔，神汇于古，其气息清峻，又非当世之规规于模拟者所可同日而语。在昔，二文继美衡山，式熊其不多让乎。余乐而为记此。
> 　　　　　　乙酉嘉平　合肥龚心钊是年七十六岁

这本印谱，在晚一辈的篆刻名家韩天衡先生眼里，"所作追秦摹汉，仪态雍容绰约，而一以清峻风神出之，在篆刻艺术的造诣上已初露锋芒，与当时名噪一时的篆刻大家赵叔孺、王福庵相比，尽管此二家各有独到的高艺绝技，而他的英年力作较之赵叔孺似自然过之，较之王福庵似劲挺过之，青胜冰寒，锐气逼人。"

第三章

在西泠印社

27岁的高式熊，成了当时最年轻的社员之一。入社仪式在挂有丁敬画像的仪式厅里举行，新社员都要向丁敬像行三鞠躬礼。"他有资格让我们三鞠躬。"拜读过丁敬印作的高式熊说。

此后的岁月里，他见证了西泠印社来之不易的艰辛创业历程。

1947年，高式熊跟着王福庵去杭州，第一次拜访西泠印社。

他怀着景仰的心情，走近西泠印社。拾级而上，孤山顶上的四照阁茶室，露天摆开了好几桌，大家坐在那里喝茶、谈艺、吃饭……何等风雅的场面！

作为年轻的后来者，他非常好奇西泠印社的来历、沿革，留心搜寻起相关的资料——

清光绪三十年（1904年），金石研究和发展达到鼎盛，浙派篆刻家丁仁（辅之）、王禔（福庵）、叶铭（为铭）、吴隐（石潜）等相聚西湖，研讨印学，有志于弘扬和发展国粹。他们以"保存金石、研究印学兼及书画"为宗旨，在孤山南麓西泠桥畔结社，"人以印集、社以地名"，取名"西泠印社"。杭州府与钱塘县均以官府批文登记备案。

这一段重要缘起，后来有不少的文字记载——

《西泠印社志稿》卷三："清光绪间，杭郡文学诸长老探讨六书，研求篆刻，辄会于数峰阁。"

《西泠印社成立启》："昔乾嘉盛时，则有丁龙泓、金冬心、厉樊榭结吟社于先，钱叔盖、李节贻、释莲衣立解社于后……同人等才惭刻鹄，技陋雕虫，鸟篆蜗文，莫参心画，秋蛇春蚓，自笑指柔，然而尚论前贤，未坠景行之志，盱衡当世，弥殷攻错之求，爰集石交，创兹印社。"

胡宗成《西泠印社记》："叶子铭、吴子隐、丁子仁、王子寿祺会集湖滨，慨然

丁　仁

王　褆

叶　铭

吴　隐

西泠印社四位创始人

有感印学之将湮没也，谋于西泠数峰阁之侧，辟地若干弓，筑茅三两室，风潇雨晦，乐石吉金，惟印是求，即以为社。社因地名，遂曰西泠……推安吉吴缶翁长于社。"

在印社初创的10年中，四位创始人团结同仁，集资、规划，"买山立社"，先后建造了仰贤亭、山川雨露图书室、石交亭、宝印山房、印泉、鸿雪径等九处园林建筑，印社初具规模。四人辛勤主持社务，却谁也没有出来当社长的念头。

到了1913年，开建社10周年纪念大会，修《西泠印社成立启》，立《西泠印社社约》，发展社员，才公推艺术大师吴昌硕先生出任首任社长，并举办"金石书画藏品展览"及集会、收藏、出版等一系列活动。

关于成立印社及出任社长，吴昌硕曾撰一联："印岂无源？读书坐风雨晦明，数布衣曾开浙派；社何敢长？识字仅鼎彝瓴甓，一耕夫来自田间。"

吴昌硕（1844—1927），初名俊卿，初字香朴、香圃，又字苍石、仓石、昌硕，一作昌石，号缶庐。浙江安吉人，寓居上海。西泠印社首任社长。诗书画印博采众长，自成一家，被誉为"四绝"，为纵跨近现代的杰出艺术大师。书法初师颜真卿，后法钟繇、王羲之，得力于石鼓文，笔力遒劲，气势磅礴。篆刻钝刀直入，苍劲雄浑。他将书法、篆刻的行笔、章法、体势融入绘画，形成独特画风，对后人产生极大影响。著有《红木瓜馆初草》《元盖庐诗集》《缶庐诗》《缶庐别存》《缶庐集》《缶庐印存》（4册）等。

缶翁非常赞同成立印社，说"书画既有社，印社之设，又曷可少哉"。在吴昌硕的盛名之下，印社一时间名家精英云集，社员中有李叔同、黄宾虹、马一浮、丰子恺、吴湖帆、商承祚等，赞助社员则有杨守敬、盛宣怀、康有为等。此后20余年，印社迅速发展，声望日隆，逐步确立了金石书画重镇的地位，成为海内外研究金石篆刻历史最悠久、成就最高、影响最广的学术团体，享有"天下第一名社"之盛誉。

一个民间社团，能够长盛不衰，必定有秘诀。西泠的秘诀，从《西泠印社成立启》中可见一斑——关于印社宗旨，在《社约》中有明确的阐释："上自鼎彝碑碣，下至印玺泉刀，无不博采旁搜，藉资考古"，"本社以清初黄山诸家及西泠八逸为最备，同人各有所藏，兹合议于每年春秋时，分别陈列社中，以资眼福，而助清兴"，"本社收藏各印，均分门别类，附拓旁款，精印成谱，如有同好，尽可到社索阅，藉获观摩之益"，等等。规矩预先立好，大家按规矩办事，就比较简单，容易成功了。

规矩、按规矩办事，在后来的见证者高式熊眼里，正是事业成功的大前提，无论对一个组织还是一个人。

西泠印社首任社长吴昌硕

1923年，印社成立20周年，举办"金石家书画作品展览"，"罗列金石家书画千余幅于社，张挂四壁。一时文彩风流，声闻远布"。1933年，印社成立30周年，特办"金石家书画篆刻作品陈列"，叶为铭将展品编印成《西泠印社三十周年纪念刊》，还题了一篇后记，以志其盛。

此时，印社的园林建设也全面竣工了，楼台亭阁建筑精美，摩崖石刻星罗棋布，环境幽雅，成为西湖园林的精华之处。西泠印社社员、园林专家陈从周非常赏识孤山这一片园林建筑，赞道："面面有情，环水抱山山抱水；心心相印，因人传地地传人。"

当年，西泠印社还吸收了少量的海外社员。源自中华的金石篆刻艺术被河井仙郎、长尾甲等海外社员带回，日本、韩国于是也创立了全国性的篆刻创作与研究团体。是西泠印社，促成、推动了周边汉字文化圈内篆刻创作与研究的产生、发展和繁荣。1981年，社长沙孟海亲自签发两份入社聘书寄往日本，吸收日本著名篆刻家梅舒适、小林斗庵为名誉社员，引起日本又一轮"西泠热"……

所以，西泠印社从早期开始，就不仅仅是杭州的，不仅仅是中国的，而且是国际的了。（注1）

最年轻的新社员

2005年，"品味西泠丛书"之《西泠印社1963》一书请高式熊作序。回首往事，这位耄耋老社员用蝇头小楷，恭恭敬敬地写下：

> 我与西泠印社之交往，屈指算来六十年了，挚爱至深。六十年间，西泠印社变化之大，成就之多，深感欣慰。作为一个老社员，见证了印社来之不易的艰辛创业历程。我不止一次地讲过，要珍惜现在，勿忘过去，今天是昨天的延续。
>
> 遥忆一九四七年秋重阳节，创始人王福庵先生、丁辅之先生邀我和童大年先生等一起赴杭参加西泠印社补行四十周年庆典。小住孤山数日，有幸拜结诸位前辈，探讨印学，切磋技艺，获益匪浅。并赖福庵师之提携，我庆幸成为西泠印社的一员。这年我二十七岁。上世纪六十年代，我数次来杭，参与张鲁庵先生藏品捐献移交，并参加座谈筹备西泠印社创建六十周年庆典活动，非常重要，意义非同一般。虽然已过去四十多年，那盛况依然历历在目。
>
> 社友王佩智同志拿来编著《西泠印社一九六三》，给我审读，不敢推辞。他在公务之余，广搜博集，对这段史实进行梳理，史料翔实，足以证信。其用心于社史研究，精神可嘉，看来他是下了功夫的。今又邀请我们四位（刘江、孙晓泉、张英田）参加过六十周年庆典的老社员相聚孤山，再忆当年。他还邀请参与大会服务的工作人员一起座谈，帮助提供史料，落笔十分慎重。因此，这本书所载史料，多为首次披露，值得一读。
>
> 是为序。
>
> 丙戌夏四月初八日高式熊书于沪上

注1：吴昌硕之后，马衡、张宗祥、沙孟海、赵朴初、启功相继为西泠印社社长。
2001年，西泠印社作为中国近现代重要史迹及代表性建筑，被国务院批准列入第五批全国重点文物保护单位名单。
2004年，西泠印社隆重纪念百岁生日。"百年西泠·中国印""百年西泠·西湖风""百年西泠·金石缘"等大型国际性艺术选拔和创作、展览、研讨活动，在海内外印学界产生广泛影响。同年，印社经国家民政部批准注册登记。
2006年，"金石篆刻（西泠印社）"成为首批国家级非物质文化遗产代表作。
2009年，由西泠印社领衔申报的"中国篆刻艺术"成功入选联合国教科文组织"人类非物质文化遗产代表作"，进一步确立了西泠印社作为篆刻传承代表组织和国际印学中心的地位。
2011年末，"名家之社、天下之社、博雅之社"西泠的帅印，交到了饶宗颐手中。

"遥忆一九四七年秋重阳节",王福庵、丁辅之共同推荐高式熊加入西泠印社。27岁,他成了当时最年轻的社员之一。王福庵同时还推荐了方去疾、江成之两人加入西泠印社。入社仪式,是在挂有丁敬画像的仪式厅里举行的。新社员都要向丁敬像行三鞠躬礼。

金石界有"西泠八家",清代著名金石大家、杭州人丁敬(字敬身)为八家之首,其篆刻直追秦、汉,力挽矫揉妩媚之失,别树一帜,世称"浙派"。1921年,西泠印社创始人之一丁辅之"得石于曜山之阴,似人状,命工造丁敬身像,置三老石室旁",以志纪念。高式熊拜读过丁敬的印作,说:"他有资格让我们三鞠躬。"

与王福庵先生一起做高式熊入社介绍人的丁辅之先生,出身书香门第,是晚清藏书家"八千卷楼主人"丁松生从孙。丁家以藏书之丰闻名于海内,并几代收罗名印金石,尤多"西泠八家"印作。丁辅之幼承家学,博学多能。西泠印社社址便是他幼年读书处。他从杭州移居上海后,1916年前后与其弟共创方形聚珍仿宋版字模,给上海中华书局用于排印诗文集,1921年归于该书局排印大型丛书《四部备要》。他经常与吴昌硕、王一亭、童大年、黄葆戊等相聚于海上题襟馆金石书画会,切磋探讨。他治印宗浙派,萧淡简静,秀雅纯正,用刀劲健,布局安详;书法则以甲骨文著称,并集成联语刊行;绘画偶作蔬果,亦艳雅动人。辑有《西泠八家印选》《砚林印存》、合辑《丁丑劫余印存》等数十种印谱刊行,皆弥足珍贵。作品集有《鹤庐印存》《鹤庐诗词稿》《商卜文集联》等多种。不同版本关于他的简介中,"嗜印成癖"四字特别醒目。

高式熊珍藏着一帧当时的西泠印社"全家福",老老少少济济一堂,老的有80多岁,少的就是他这样20多岁的。西泠印社大事记里,1947年那一年是这样写的:"丁亥重九补行印社创立四十周年纪念。此会题名共80人,每人均列姓名、别号、斋馆、年龄、籍贯五项。"

1963年10月25日,庆祝西泠印社成立60周年大会在杭州华侨饭店召开。那天正是农历重阳节,43岁的高式熊被选为西泠印社第一届理事会理事。西泠印社第一届理事会,由19人组成:社长张宗祥,副社长潘天寿、傅抱石、王个簃、许钦文、孙晓泉,秘书长孙晓泉(兼),理事张英田、诸乐三、邵裴子、方介堪、方去疾、沙孟海、高式熊、钱君匋、唐醉石、罗叔子、阮性山、程十发、刘江。

1983年,在西泠印社第三届理事会上,高式熊被选为西泠印社副秘书长。之后,1988年第四届、1993年第五届、1998年第六届理事会连选连任。改革开放以来,高式熊屡次去日本讲学、办展,别的头衔都不提,只提了一个:西泠印社副秘书长。可见西泠在他心中的分量。

高式熊现在的身份是西泠印社名誉副社长。但这么多年里,他去西泠印社的次

西泠印社"全家福"

数并不多,不过是春秋两季的活动,开开会、吃吃饭,大家漫谈漫谈金石学。有这样一则"西泠轶事":那年,身为副秘书长的他乘火车赴西泠开会。印社派了一部黄鱼车到火车站迎接。偏偏天公不作美下起了雨,他临时用塑料布包在头上挡雨。到了印社大门口,门卫只认得黄鱼车夫,一挥手放行了;却不让副秘书长进,非看证件不可。他不会摆架子,乖乖地掏出证件,"在这种情况下,一定要遵守规定。"

1947年7月,中国第一部美术学科年鉴——王扆昌主编的《中华民国36年美术年鉴》中,有高式熊的传略和篆刻作品。可见,当时27岁的高式熊在业内已小有名气了。

《美术年鉴》是上海美术茶会的活动成果,收录从1870年代到1940年代末,近代美术家传略1454篇、美术作品730幅、论著51篇,以及全国各地的美术社团史料116篇和师承纪略26篇等资料。2008年12月,《美术年鉴》由上海社会科学院出版社重新影印出版。年鉴的"编后记"记录了这个民间美术组织开创性的事业:

> 三十六年七月,上海美术茶会干事部诸子,倡议编辑美术年鉴,推扆昌主其事,自维谫陋,恐难肩此重责,承朋辈及诸前辈相鼓励,遂不辞艰困,毅然为之。惨澹经营,阅时年余,始底於成。其间受经济影响,将陷

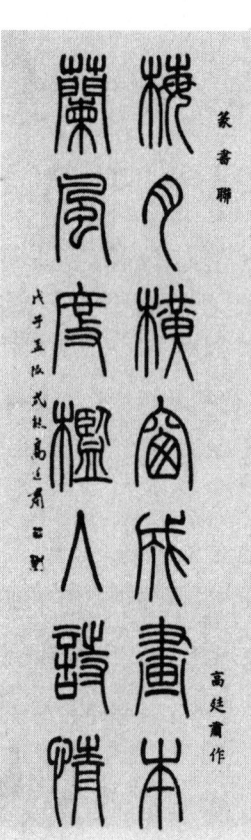
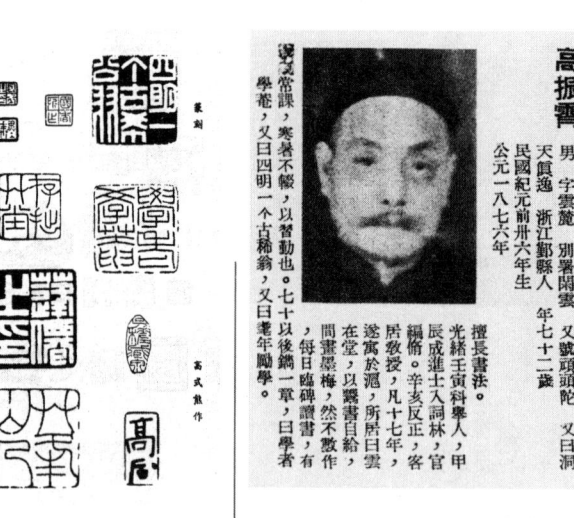

《美术年鉴》中，高振霄、高式熊条目及作品

于停顿者再三。此书今日犹能于难产中诞生者,实赖各友情支持所赐也。

吾国出版年鉴,尚属创举。编印之始,无蓝本宿稿,可资参考。初意小作尝试,仅以记录卅六年度美术界之动态,用留纪念而已。不意一经征稿,四方响应,纷纷报以文稿,赐贶图片。以时期言,则上溯同光,下迄最近。以地域言,则迤自沪杭,远逮边陲,琳琅满目,美不胜收。而同时物价飞腾,一日数惊,以有限之预算,应付此庞大之支出,迁延愈久,资料之收获愈丰,而经济之负担愈重,宸昌昕夕黾勉,冀无负于各方期望,而打击之事,铸版,印刷,纸张,工作,以及人事种种困难,层出不穷,有加无已。今日回思,犹有余悸。

往事如烟,言之徒增伤感,所可得言者,则友情可贵,铭篆肺腑,谨书以志感。

……

让高式熊感念的是,当年各方面条件都远远不如今天,但人们对事业的追求却是那么的执著。

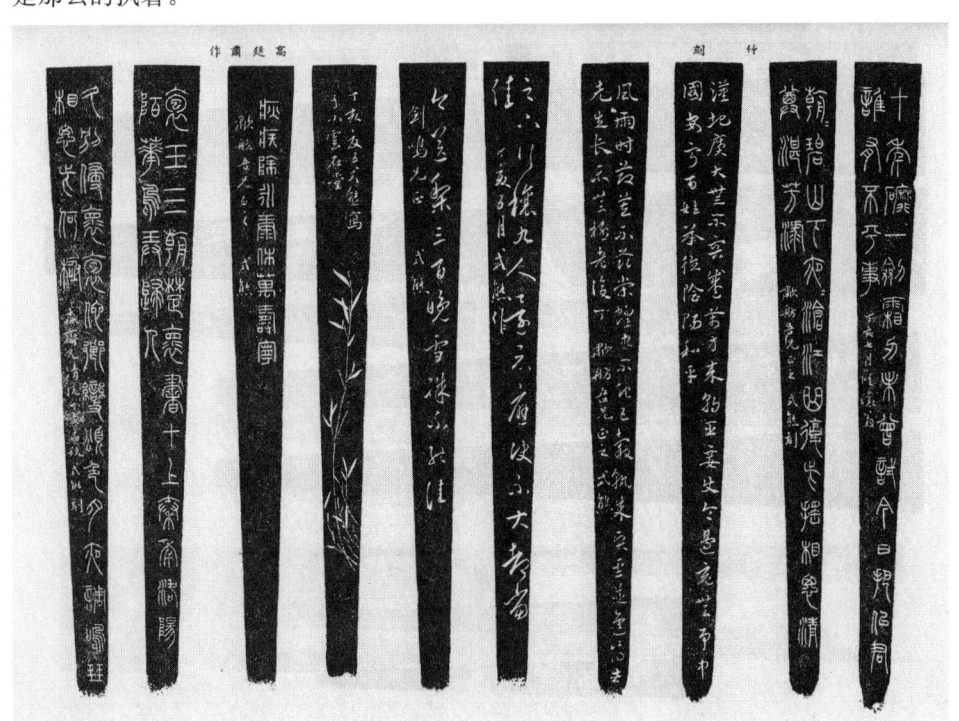

1947年前后,高式熊刻扇骨200把,这些扇骨拓片后来装订成册

为西泠印社同人刻传

1948年初，张鲁庵、秦康祥二位发起，准备为西泠印社篆刻一部《西泠印社同人印传》。治印的最佳人选，当然首推高式熊。对于高式熊来说，学印已这么多年，二十七八岁，确实也到独立刻一部作品的时候了。

秦康祥何许人也？认得张鲁庵不久，高式熊就听说张有一位朋友经常批评他的印章，很感兴趣，提出想当面讨教。张鲁庵就介绍他俩认识了。这位朋友，便是秦康祥。

一见面，高式熊就真心诚意地对他说："希望你当面批评我的图章！"两个人从此交往起来，不时探讨印学、切磋技艺，双方都觉收获不小，遂成挚友。

"秦康祥人很直，见我哪里刻得不满意就当面指出，从不拐弯抹角，让我受益匪浅——弄得我原本220多枚传印，这个要改刻、那个要改刻，前后刻了500多个。"高式熊反复说，当时艺术圈子里学术交流的风气就是这般浓厚，对年轻人的成长极有利。

开始与张鲁庵、秦康祥交往时，高式熊不知道秦的底细，后来跑到上海牯岭路140号秦家，看见一幢五上五下的老式房子，金漆的柱子……房子实在太大了，他只进过客堂间，"那么大的房子，只有夫妻两个带着一个儿子住在里面，阴落落的感觉。"

秦家是宁波四恒钱庄老板之一，秦家祠堂就在天一阁边上。

秦康祥以收藏竹刻、汉铜印和名家印驰名。他有个别致的习惯——按最新收藏的心爱之物，动不动就改换书斋的名字。如收了金陵派竹刻代表人物濮仲谦刻的竹尊、嘉定派代表人物朱松邻刻的竹佛，斋名就改为"濮尊朱佛斋""竹佛宠"；收进大量精美的竹刻笔筒、臂搁、扇骨、摆件，斋名就改为"玩竹斋"；收到几部名琴，又改为"雷琴簃""四王琴斋"；收了大量的铜印、铜镜、汉璧等，再改为"睿识阁"；得到两面兰亭石刻，先改为"兰亭石室"，再改为"唐石室"……所以他有很多很多的斋名，连常去的朋友都会被搞糊涂。

他自己也刻刻图章，虽然刻得并不怎么样，但收藏久了，对篆刻的鉴赏力还是不错的，而且肯直爽地批评别人的作品。所以，高式熊视之为诤友。

秦家在解放前夕破产，可秦康祥当惯了收藏家，看见好东西还是忍不住要收进，就是不付钞票。他抽的是"美丽牌"香烟，出门却只乘公共汽车，高式熊跟着他挤过公共汽车，"那么有钱，却总是轧电车，轧了吱吱叫。从没见他坐过黄包车，也没见他请人吃过饭。"后来，秦家被扫地出门，抄家者好不容易数清楚，秦家的房子——总共有39间！传说中，秦家没有钞票付水费，红卫兵就撬起他家的金砖地板……

秦康祥活了54岁。1968年7月，他病逝前几天，还在刻五面印。是高式熊为病入膏肓的他查找资料、磨平印面，做好刻印的准备工作，使他如愿完成了五方五面印。

去世28年后，他家人把包括国宝级的《鄞江送别图》在内的8000余件文物，捐赠给了天一阁博物馆。其中，有国家一级文物23件、二级文物112件、三级文物1467件。据说，算上秦家的捐赠，整个宁波国家一级文物不过63件。

中国书法家协会副主席陈振濂在《西泠印社史研究导论》中，把以张鲁庵、秦康祥、高式熊为核心的西泠社员称为"处于百年印社史中期的中青年群体"。中青年，正是事业上出成果的好时光。

再说，王福庵获知张鲁庵、秦康祥、高式熊三人要"弄点功课做做"，而这功课竟是为西泠同人治印传，大为赞同。

名单很快确定了，分工自然也是明确的：张鲁庵提供印石、连史纸、印泥，秦康祥负责文字编写等文案工作，高式熊负责篆刻。

说起这分工，高式熊历历在目的是"张鲁庵的一箱箱石头"。物力雄厚，做起事来就少了后顾之忧。

秦康祥把每一位社员的小传写在拍纸簿上，高式熊设计好样稿，交给王福庵审，再根据王的意见修改稿子。王福庵这一关，在高式熊看来就是"毕业考试"。

从文字订讹、印稿审核、印谱成书样式、边款小传刻镌，到最后定稿，最顺利的一天能完成10方章。三人通力合作，作品也须三人都满意才算通过。有一方章，刻来刻去不满意，竟反复了五次。

这样花了半年多的时间，完成了220方印章的创作。印社同人每人一方，印面刻姓名，边款刻小传，并钤拓一部四册印谱，每页上方钤印一枚，下方附拓边款。《西泠印社同人印传》中，除有社籍登录者外，还包括一些对印社支持资助有贡献者的名册。

王福庵为《西泠印社同人印传》作序：

> 印传曷为而作也？所以传西泠印社中之印人也。吾浙自西泠八子为浙派治印一大宗，其人皆高人雅士，博学洽闻，穷讨六书，深研金石，出其余事，从事刻画，实则不仅以治印传也，治印特其一节耳。昔班氏艺文志，于部目之下，皆加注其人履历以备考索，简核有体，记事之良法也。西泠印社踵八子而把其余风，以衍两浙艺文一线之脉，经始至今，历数十年。于是四方好古之士，云蒸霞蔚，而社事遂集海内之英，不仅囿于浙中，称为胜事，是亦部娄之松柏也。余年少时侍先君子，得追随诸长老之

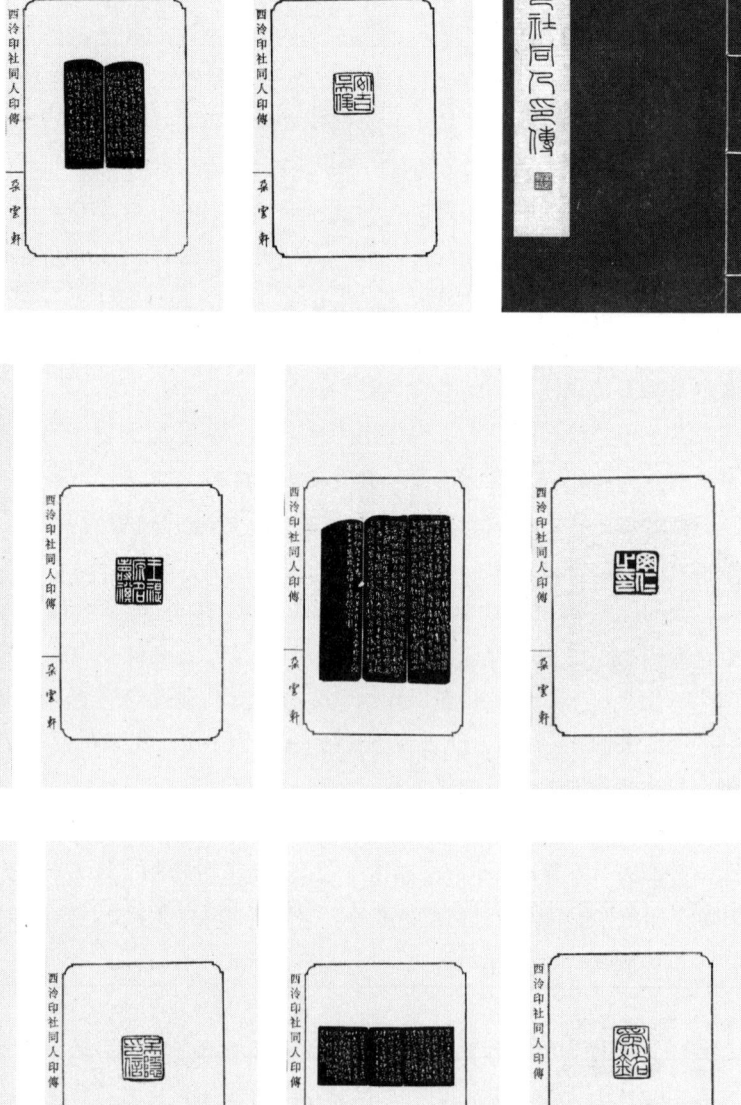

《西泠印社同人印传》

后，侧闻绪论，于印学有所承受。今老矣，非复如少年时之精进，良自愧也。慈溪张咀英鲁庵，鄞县秦康祥彦冲、高廷肃式熊，皆社中后起之秀，集议为印传。鲁庵出所储石章及手制印泥，以供毡拓。彦冲任搜葺传略，以刊印侧。以镌刻之事属之式熊。遂成印传，其用力亦勤矣。事既集，问序于余。为识其缘起，而弁以数言，后之览者，可以兴矣。印云乎哉！诚以人重也，斯亦班氏艺文志之支流也。是为序。

戊子秋日　仁和王褆

印传仅拓了一部，交社长张宗祥，捐存于西泠印社。陈振濂认为，这"是一份绝顶珍贵的、并且在40年代（即早于《西泠印社志稿》）即已成形的系统史料"，"本是绝好的印社史研究史料，但一直未公开出版，是为憾事。"

1950年代初，在先前的成就感鼓舞之下，王福庵决定在《西泠印社同人印传》的基础上，再刻一部以西泠印社景点名胜为题材的印谱《西泠胜迹印谱》。他亲自选定了内容，撰写了边跋，仍由高式熊篆刻。高式熊还是先写好印稿，请王福庵审定，修改满意后才奏刀。不料，刻了几十方后，1954年，高式熊看到同为西泠印社社员的韩登安已经完成了《西泠印社胜迹留痕》印谱——题材相同，显然是无意中撞车了——与王福庵商量，终止了《西泠胜迹印谱》的创作。

40余年后的1990年代，高式熊与西泠印社联系，要捐赠《西泠印社同人印传》整批印章。西泠方面表示欢迎。也有朋友希望悉数买下这批印章，他回绝了，理由是"先要出书"。

1995年，为祝贺高式熊75岁生日，忘年交周永泉策划出版原拓本印传。另一位忘年交、书画社老同事李年才听说此事，热心相助，一手操办了印谱拓印、出版事宜。这年4月，6册线装原拓印谱《西泠印社同人印传》由上海朵云轩出版。

印谱共录印164方，其中有1948年刻的220方中保存较完好的157方，重刻7方。印谱高26厘米、宽15.6厘米，版框蓝线，高15.4厘米、宽10厘米，书口上署"西泠印社同人印传"，下署"朵云轩"字样。每页钤拓一印，附拓边款另存一页。书名、王福庵戊子序文和朵云轩乙亥跋记，均由高式熊书。

《西泠印社同人印传》之跋：

廷肃高式熊，浙江鄞县人。翰林高振霄太史之仲子也。幼承庭训，精于书法，尤擅篆刻。早年得赵叔孺、王福庵前辈指授，年未弱冠即才华出众，被誉三十年代印坛后起之秀。明末周亮工著《印人传》，辑各家小传六十八则，乾隆间汪启淑撰《续印人传》，列举小传百二十七家。清末叶

1948年4月23日（农历三月十五），高式熊、厉国艳大婚，婚礼在中央西餐社举行。小名瑞珍的高夫人，也是宁波人，生于1926年。其姐姐即书画家厉国香，是张大千、赵叔孺的学生，也经常上门请教高振霄。高式熊身上的这袭马褂，花了1000万元（旧币）定做，在老九章绸缎局买的料子。为了结婚，他还向银行透支了。结婚照拍了两张，另一张高太太穿旗袍的，"文革"中被红卫兵撕毁

> 为铭搜集历代篆刻家，辑成《广印人传》，皆为研究印学史之重要资料。高氏以西泠印社社友二百十人姓氏，制印为谱，将所集同人传略，刻为款识，于公元一九四八年完成。《西泠印社同人印传》，开印谱印传之先河。当时仅拓制一份，献存于印社，距今四十七载，尚保存完整者，得百五十七枚，重补者七枚，计得百六十四枚，由我轩用原石精拓成帙，刊行于世，以飨篆刻爱好者。因赘数语记其后。
>
> 朵云轩　乙亥三月

因为此原拓本的由头是庆祝高式熊75岁生日，所以拓制了75部。当时朵云轩定价为每部3000元，被一抢而空。如今，每一册已价值数万元。而弥漫于宣纸墨印之间的人文气息，又岂是人民币可以衡量的！

2005年秋日，在中国印学博物馆举办的"西泠印社藏历代名家印章、印谱展"上，《西泠印社同人印传》才初次让世人惊艳。

新婚第二天

第四章

成为社会人

回到家里，他翻着老板给的资料，开始熟悉业务，一边安慰自己：只要用心学，没有学不会的事吧？虽说对新的岗位一无所知，但年轻的心还是稍稍期待的。毕竟，当好这个资方代理人，就是有本事的社会人了。

在脱离政界40多年后，作为存世不多的清遗民，高振霄又与政界有了联系。当然，脱离的是旧时代的政界，再联系上的是新中国的政界。

故事是从一份请束开始的：1952年的一天，王福庵先生转交了上海市委统战部的一封信，信封上写着"高振霄先生"。里面装着请束，特邀高老先生出席统战部出面举办的新春茶话会。高老先生此时已远离政界近半个世纪，加上年事已高，懒得再外出参加什么活动了。高式熊替父亲打电话去婉言谢绝。可电话那头说，最好老先生能来，家属可以陪着一道来，并且允诺有小车到家里接送，等老先生睡了午觉再出门……听听人家那么客气，考虑得那么周全，高老先生有点不好意思，只好由儿子陪着去了。

一路上，想着朋友的好心叮嘱："现在共产党来了，侬不好再骂人了！"亲朋好友们对高老先生的脾气太了解了，担心他像从前骂政界游说者那样骂共产党，那可怎么是好？会不会坐牢、杀头啊？

初识文史馆、政协

茶话会在延安西路200号举行。那时候的200号，在高式熊的记忆中，还只是"草棚棚，普通的会所、广场"。快到开会的时辰，陈毅市长到了，随行只有一名秘书，随身也只有一个皮包、一件外套。上海市委统战部第一副部长周而复陪着他，工作人员向他一一介绍出席者，随同在侧的家属也一起被介绍，陈毅和大家一一握手……

这个会，原先是茶话会，可喝着茶，话着话着话得高兴了，临时摆开十来桌宴席——市长要留大家吃晚饭了。

陈毅招呼高振霄和他坐一桌。市长亲切地对老人说："您是翰林太史高振霄先生，我了解您，知识渊博，为人耿直，是个好先生。"

高式熊则被安排与新闻记者坐了一桌。不知什么缘故，主桌上的都是素食，别的桌子则是有荤有素的。

席间，陈毅风趣地自嘲："我家出了好多官僚，我祖辈父辈都是官僚……"众人被他的翩翩风度迷住了——啊呀，没想到共产党干部是这样儒雅、这样有个性的！

这之前，一般市民哪有机会见到共产党干部，更不用说接触市长这样的高级官员了；而坊间传来传去的风言风语倒是不少，简直把共产党妖魔化得青面獠牙。现在，当面一握手、一交流、一喝茶、一吃饭，眼见为实，所有的歪曲之词就不攻自破了。

晚宴将近尾声，又有工作人员跑去细心关照高式熊："老先生回去的辰光有车子送咯，勿要急噢。"

这一场茶话会加上晚宴，开得好尽兴。回家后，"好先生"高振霄只觉得思想豁然开朗，变得"交关开心"了。

就是在这次会上，谈到了要成立上海的文史研究馆。

其时，北京已先期成立了中央文史研究馆。北京解放前夕，在石家庄，毛泽东对他的恩师、以《联绵字典》传名于世的文字学家符定一先生说，共产党对德高望重、生活困难的老学者的生活应有一个安排，要设一个机构。1949年12月2日，毛泽东致柳亚子先生信中提到，"文史机关事"已交周恩来总理办理，"便当询之"。嗣后，毛泽东、周恩来请符定一、柳亚子、章士钊诸位先生参加筹划事宜，并指定林伯渠、齐燕铭负责办理此事。1951年7月29日，政务院副总理董必武郑重宣告"政务院文史研究馆成立"。符定一为第一任馆长，叶恭绰、柳亚子、章士钊为副馆长。

在老一代党和国家领导人的直接关怀下，1953年6月，上海市文史研究馆成立了。毛泽东主席提名，上海市长陈毅敦聘耆宿张元济为首任馆长。

浙江海盐人张元济（1867—1959），乃是前清进士，授翰林院庶吉士，曾任刑部主事、总理各国事务衙门章京，创办专讲泰西实学的通艺学堂，又曾与康有为参加戊戌变法。后任上海南洋公学译书院院长、中央研究院院士。任商务印书馆董事长时，主持校勘出版四部丛刊、百纳本二十四史。著有《涉园序跋集录》等。

文史馆聘的馆员，以党外人士为主体，一般是有文史专长、有名望的老年知识分子。文史馆的主要职责是照顾馆员生活，提供必要条件，使馆员老有所养、老有所为，量力而行、各展所长；组织馆员开展文史研究、书画创作、海外联谊、参政咨询等工作，为弘扬中华民族优秀传统文化，推进社会主义文化事业发展作贡献，为团结老年知识分子，壮大爱国统一战线服务。

没过多久，聘书送到家里，高振霄成了上海市文史研究馆第一批馆员。聘书上面有陈毅市长的签名。37年后的1990年2月，高式熊也当上了上海市文史馆馆员，聘书上签名的是朱镕基市长。

当年的文史馆馆员，多为有特殊成就但经济状况较差的人士。用高式熊的话说，就是"所谓遗老"。文史馆馆员每月有50元津贴，后来加到了70元，再加到150元，据说与文史馆馆长的工资差不多高。另外，医疗费也由公家报销。

上海市文史研究馆编辑《翰苑吟丛》，选了高太史当年所作的《梅花诗》六首：

梅花诗

高振霄

久抛玉尺与冰壶，水月清修一颗珠。
大放光明无我相，却从无我见真吾。

不向磻溪取钓竿，阴符匣底剑芒寒。
谷城黄石真知己，数点天心暗自看。

庭前老树错霜皮，铁干虬枝自崛奇。
添上幽花三两朵，毫端便觉有春姿。

屏却铅华时世装，幽居不羡绮罗香。
鸩媒蝶使空为尔，昆玉比贞洁比霜。

西子湖边放鹤回，茅亭独立小徘徊。
一莺冲入碧云去，水面波光似镜开。

海内风尘未息机，阵云压垒鹊南飞。
伊谁了却昏昏事，仰视江村星月稀。

诗后，还配了一段要言不烦、颇有见地的"编者评"："写梅花却若离若合，别有寄托。第一首无一句写梅花，却有以花自喻意，人花合一；第二首以功自许，有用世之意，结句落到'数点天心'才与梅花有关，似暗指能否得用要看时机；第三首直写梅花；第四首写花之品格高洁；第五首写梅花周围环境高旷；第六首写战乱中对光明的憧憬，又寓有无可奈何的惆怅。六首绝句成为组诗，其实可当一篇读。"

1949年12月，上海市各界人民代表会议召开，通过成立"上海市各界人民代表会议协商委员会"。1955年5月，政协上海市第一届第一次会议召开，政协委员共有279名，高振霄为其中一员。

上海市政协，是中国人民政治协商会议上海市委员会的简称。其主要职能，包括政治协商、民主监督、参政议政。政治协商，是对国家和地方的大政方针以及政治、经济、文化和社会生活中的重要问题在决策之前进行协商和就决策执行过程中的重要问题进行协商。全国政协和地方政协根据中国共产党、人大常委会、人民政府、民主党派、人民团体的提议，举行有各党派、团体的负责人和各族各界人士的代表参加的会议，进行协商，亦可建议上列单位将有关重要问题提交协商。民主监督，是对国家宪法、法律和法规的实施，重大方针政策的贯彻执行、国家机关及其工作人员的工作，通过建议和批评进行监督。参政议政，是对政治、经济、文化和社会生活中的重要问题以及人民群众普遍关心的问题，开展调查研究，反映社情民意，进行协商讨论。通过调研报告、提案、建议案或其他形式，向中共和国家机关

高太史与孙女定珠、孙子惠孙（摄于1955年前后）

提出意见和建议。

1955年春天，上海政协第一次开会，高振霄是独自去中苏友好大厦会场的。那时候，高式熊已经外出工作，没有时间作陪了。再说，父亲思想通了，精神也爽了起来。此后，高振霄又参加了三四次政协会议，偶尔还在会上有感而发，呼吁要重视国人的书法教育，第二天的报纸也登出了他的意见。

有人悄悄问高式熊："老先生一向不与政界合作的，哪能对毛泽东倒有感情？"

分析下来，"一·二八""八·一三"老先生都是亲身经历过的，当时就怕担上个"赤化"的罪名。到1947年、1948年，国民党大势已去，不是共产党的对手，眼看共产党的部队要过江来了，老百姓怕解放军像传说中那样杀人放火，吓得不得了。可是当发现解放军爱护老百姓，帮助穷困的人，人心就大部分倒向共产党了，不必血战上海了。5月23日上海解放，高式熊跑到弄堂口去看，马路上除了停着坏的坦克车，没有别的异样。过了几天，住在江湾花园附近的外甥亲眼看见，解放军进了城，为了不打扰市民正常生活，都是躺在马路上过夜的。然后，又亲历茶话会，亲眼见到算得上大官了的陈毅（华东军区司令员兼上海市长、上海市各界人民代表会议协商委员会主席），出席那么大的场合却轻车简从，面对面握手时才发现他个子并不特别高，但就是让人觉得气场十足……这些，都是促使老太爷思想大转弯的因素。

高式熊印象中，统战部茶话会之前，华东地区办过一次艺术品展览，他那时候就见过陈毅市长了。展览会在当时的跑马厅举办，他去那儿临时帮忙，任务是守着签到处，看见要人及时通报文化局领导。有天中午，文化局的工作人员刚好都出去吃饭了，陈毅带着一名随员光临。高式熊在报上见过陈毅，认出了他，就一边让人赶紧去找文化局的人回来，一边陪着市长进展厅……

后来在延安西路200号，高式熊陪伴父亲出席茶话会，被人认出，他才知道那是暗中保护陈毅的公安局便衣警察。

说到便衣警察的认人本领，高式熊实在是佩服得很。有一次，他去探望住在天平路40号的书法名家潘伯鹰先生，当时古书画鉴定家谢稚柳先生也在。过了些日子，他打电话找潘，对方回答："潘公不在，谢老在。"他一惊，对方怎么听出来他就是上次谢老在时去过潘府的人？后来听说，那些都是南京派来的最高级别的接待人员。

父子俩对新诞生的人民政府的好印象，正是从这点点滴滴的细节中积累起来的。

高太史在1956年11月13日（农历十月十一）病逝，按照农历历法计算，享年80岁。高太史入殓时，穿的不是一般的寿衣，而是——朝服！都新社会了，还能穿前清的朝服？兹事体大，高太史穿着朝服走，是由陈毅市长特批的。

与父亲的复出相呼应，高式熊的艺术生涯也正如日中天。

王福庵与名学者、诗人、图书校勘专家冒鹤亭交谊深厚，经常聚首探讨文艺。1952年，冒氏80大寿，王福庵登门告诉寿星，因眼力渐差，自己已两年不奏刀，但这次为祝寿，又刻了青田石对章。冒鹤亭接过对章欣赏，感慨不已道："近日杨千里（注1）亦不复作，沪上作者唯赵叔孺之高足陈巨来而矣。他皆学吴昌硕，而得其恶趣。"

由此高足的"恶趣"念及彼高足的雅趣，次年，冒老托王福庵请其高徒高式熊刻了一方"九九翁"章。冒身后遗存书画、印章900余件，都移交上海博物馆收藏了，有《冒氏印史》六册钤本印谱。"九九翁"章当在其中。

1954年夏，《式熊印稿》辑成，收印46方，印谱高14.5厘米、宽15.1厘米，版框黑线，高9.1厘米、宽8.6厘米。书名，由恩师王福庵题写。

 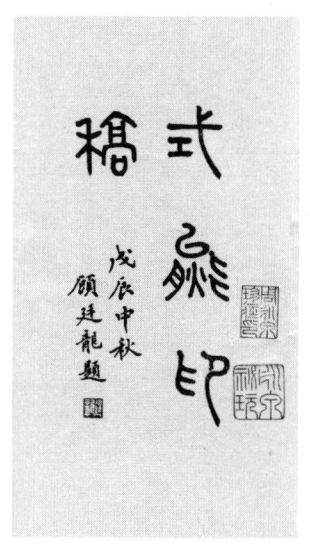 

原拓本《式熊印稿》　　　原拓本《式熊印稿》（扉页）　　　印刷本《式熊印稿》

注1：杨千里，名天骥，光绪二十八年壬寅优贡。家学渊源，精习楷法，于秦篆汉隶、章草、魏晋诸家，无不窥其堂奥。晚年益精进，挥洒自如，神完气足，于秀丽中饶有金石气。所作诗词，清新飘逸，别饶意趣。兼工治印。历任龙门师范学堂、中国公学及复旦公学教员，暨行政院交通部秘书、教育部视学、监察院秘书，无锡、吴江等县县长。1949年后，由柳亚子介绍加入民革，任上海华东文物管理委员会特约顾问，徐汇区政协委员。

当上资方代理人

回头说,高式熊没上过一天学,更从来没上过一天班,在家里过着闲云野鹤般的旧式文人生活。结婚了,还是没有工作。

当时币制特别乱,且贬值得厉害。同一件物事,下班时的价格会与上班时的差好多。进理发店,先不说价,理完发再视飞涨的行情而定。理发过程中,"大头""小头"忙着兑来换去,门外叮叮当当响个不停……

好在太史公的字尚行俏,他这个当儿子的也就跟在父亲后面写写字、刻刻章,(用现在的话)自嘲为"啃老族"。

新中国成立以后,他虽已成为知名书画家,但以当时的社会观念,人们普遍看不起书画家,认为画画的、写字的不是正常人,属于特殊品种。地区进行"失业人员登记",他对工作人员说:"我既呒就过业,也呒失过业,无所谓登记不登记。"说归这么说,但他自己也觉得要有一份工作,才算正常的社会人。

话说张鲁庵有位邻居叫郑崇兰,开着一家工厂叫上海维纳氏电工器材厂,经营得很不错。1954年12月底,鲁庵先生介绍高式熊进了维纳氏厂,使他有了第一份工作。

1955年,郑老板一病不起,托张鲁庵帮忙找人管厂。35岁的高式熊就被带到了郑老板的病榻前。老板对他说:"我要养病了,这个厂就交给你,你挂个'资方代理人'的名吧。"说着,交出一个装了厂里人事、设备资料的皮包,让他收好,见机行事,"这就是你的事了!做好做坏,都是你的!"

什么?刚刚上了几个月的班,就要一手接管老板的所有业务?高式熊慌了,自己连起码的经营管理概念也不具备,更别说实践经验了。一点底气都没有,但面对郑老板期待的眼神,他只好应承下来。

回到家里,他翻着老板给的资料,开始熟悉业务,一边安慰自己:只要用心学,没有学不会的事吧?虽说对新的岗位一无所知,但年轻的心还是稍稍期待的。毕竟,当好这个资方代理人,就是有本事的社会人了。

4月的一天,他穿上质地考究的丝棉长袍,郑重其事地走出家门,以老板的代理人身份上班去了。从那一天起,全厂48名工人、所有的生产任务都要由他来安排了。要说心里不紧张,那是不可能的。穿戴得那么正式,也有点紧张的成分在作怪吧?

新中国建立后,工人与资本家的关系已经发生了很大的变化。1951年底到1952年10月,在党政机关工作人员中开展了"反贪污、反浪费、反官僚主义",在私营工商业者中开展了"反行贿、反偷税漏税、反盗骗国家财产、反偷工减料、反盗窃国家经济情报"（即"三反""五反"运动），目的是为实现对资本主义工商业的社会主义改造打基础。运动虽然结束了，劳资双方却时常发生矛盾。

这样的社会大背景，也给高式熊的履新平添了难度。

果然，对这位没有工作资历、看上去嫩嫩的资方代理人，工人们并不买账。私下里，大家议论着，他是"老板的亲信"。在厂里，高式熊举目无亲，一切都要从头学起。可每当他问起什么事，人们总是以抵触的口吻回答："阿拉勿晓得，侬去问老板！"

因为感觉到自己的样子与工厂、与工人格格不入，第二天开始，他就不穿丝棉袍了，而换上了中山装。每天8点准时上班，晚上5点下班，他全身心地扑在工作上。以前的生活方式全部改变了，书法、篆刻没空碰了，雷打不动多少年的每天两张大字、两张小字也写不成了。

上班时，经常有人对他瞪眼睛，故意刁难他。他呢，非但骂不怕，反而把这些当作工人们对自己的一次次"考验"。做饭的师傅找借口不烧饭，他就自己下到食堂，把饭菜做好，保证工人们准时吃到热菜热饭；搬运的师傅临时开小差，他就自己雇了三轮车去送货……工人们没想到，这位年轻的资方代理人心地厚道，做事踏踏实实，还有一股子不服输的韧劲、拼劲。

他研究人事资料，"有几个共产党员、几个共青团员，先要把他们团结好，依靠党的组织来做工作。"

奇怪了，一个无党无派的人，怎么会想到要依靠共产党？原来，他在旧社会接触的人多，也交了些政界的、公安局的朋友，见得多了，修炼出一副特别的脾气，脑子转得也快。早在1949年前后，当人们不再把"共产党"与"洪水猛兽"画等号之后，他就有"依靠共产党"这个概念了。

他分头找厂里的党员和老师傅谈话，虚心听取他们的意见，拜托大家齐心协力把企业搞好。"这个厂是国家的，也是你们的，我只是来负责后勤服务的，我拿的是工资，没有半点股份，我是为你们服务的。所以，要做好工作只有依靠大家！生产要搞好，设备要保护好，福利要提高……"他又对工会领导说："我代表老板听你的。你说，我来做。"

这样子艰苦拼了半年，终于熟悉了这份工作，与工人的关系也理顺了，做事也顺当起来。

在当时所属的江宁区，上海维纳氏电工器材厂的业绩是"好算算的"。连高式熊在内总共49个人，生产力超过区内100人的工厂。"维纳氏"产值高、牌子响，厂里做的电动机属于免检产品。

为什么会做得那么好呢？主要是由于郑老板自己的技术好，工厂里全是他带教出来的学生仔。老板车钳刨铣样样懂，而且做事绝对认真，每次揩好的机床要用白手套摸着检查一遍。在他手下做事，没办法混，进步就特别快。高式熊受郑老板的影响，照他的样子去做，严格管理，不敢有任何放松。好技术、好作风不因换了管理者而得不到传承，好业绩自然就保持下去了。

一次，他参加市里的防汛小组会议，得知大潮汛要来的预报，赶紧回到厂里，传达防汛会议精神，分配防汛抢险任务。可大家不以为然，有老师傅说得轻巧："依才来了几天啊，我几十年做下来，从来呒发过大水。要是今朝发大水，我裤子脱下来揩清爽！"他只有顶着压力，召集党员开会，布置晚上值班。

当天夜里，洪水如期而至。他与在场的工人果断切了电源，脱了外衣、赤了脚，下到水里抢险，又打电话借来抽水机。工人们虽然嘴上很凶，心地还是蛮善的，这时候都自发赶回厂里，一起把搬得动的东西尽量搬走。大家苦干了一夜，奋力排水，厂里没有一样东西受到损失。

从此，工人们彻底服了这位资方代理人。

不久，维纳氏厂承接了北京电影制片厂定做录音机插头的项目，说是"军事任务"，不但技术要求高，还要做好保密工作。5月1日签的合约，10月1日必须交货。

他们厂一直是做机械的，北影厂的这个项目却需要浇铸，在铜插脚上镀银。一位工程师被请来抓工艺。有工人提醒说，浇铸有危险，要预先做好防护，出了事老板是要坐牢的。高式熊听取了工人的建议。由于未雨绸缪，从开炉浇铸直到完工，没有一个工人受伤。为了按时完成任务，也曾加班加点，但由于大家配合默契，不曾干过通宵……

五个月后，保质保量交了货，打了一个漂亮仗！后来据北影厂的人说，维纳氏产品的质量超过了同期法国进口的产品。

这些事，都发生在1955年。高式熊就在短短的一年中，成长为干练的企业管理者。

那一年，厂里还分过两次红。高式熊拿到的红利工资都交给了郑老板，因为他觉得自己已经拿了一份工资，不该再有额外收入了。

1956年初，全国范围出现社会主义改造高潮，资本主义工商业实现了全行业公私合营。国家对资本主义私股的赎买改行"定息制度"，统一规定年息五厘。生产资料由国家统一调配使用，资本家除定息外，不再以资本家身份行使职权，并在劳动中逐步改造为自食其力的劳动者。1966年9月，定息年限期满，公私合营企业最后转变为社会主义全民所有制。

私营的上海维纳氏电工器材厂，就在那一年并入国营上海电影机械厂。14家并入上海电影机械厂的私营厂中，维纳氏厂的条件要算最好的。49人的私营企业，变更登记时，登记的成分是"小业主"。谁也想不到，在后来的"文化大革命"浩劫中，这个"小业主"让资方代理人"享尽"了资产阶级"待遇"。

公私合营后，郑崇兰挂名私方厂长，做过电影摄影机的他每天上午到厂里转一转。另有两名公方厂长。高式熊则成了厂长文书（有别于厂长秘书），职责主要是经常代表厂长外出开会。没多久，他就被调往幻灯机车间（原名"上海幻灯厂"）去了。

在幻灯机车间，他的工种是幻灯片解说词的文字编辑。比起以前干过的活，这个工种算是和他的专业比较对口了——写小楷字、排版、校对，都是他一个人做。

事非经过不觉难，原以为黑底白字再好弄不过了，其实要调好颜色还是蛮难的，字体也需要好好研究。有一次，公安部交办特别任务，要不惜一切代价做好某个片子。他照例规规矩矩写了小楷，放映后觉得不合适，改成魏碑，字才饱满多了。在不断摸索中，他悟得：幻灯片上的字，不是一般的书法，必须做到片子看起来适宜。有时候，写出来看看已经很好很完美了，但放大了就是不好看，还要动脑筋，反复试验、修改。

后来，幻灯片部门与北京幻灯片厂合并，全部搬到北京去了，高式熊没去，暂时到幻灯片发行所做邮购。厂方问他喜欢做什么工作，他想起小时候装过无线电，就说想去录音机组，于是第二天就如愿去录音机组报到，成了一名电讯工。

当时的录音机，用的是与电影胶片一样尺寸的35毫米宽磁片，与之配套的录音，不管是原始录音还是录音棚录音，要求都相当高。拿来试音的音乐，最常用的是小提琴协奏曲《梁祝》，与外界听到的声音根本是两个味道。录音师空着手进门，好多个喇叭同时试音，任何一个声源出问题他都讲得出。

电讯工高式熊每天上班，听的都是最高级的声音，把耳朵听刁了，以至于后来自己家里买录音机要买5万元一套的，OTL、OCL功放必须是自己组装的才能听。

工人书法篆刻小组

在电影机械厂，高式熊交了一些质朴的好朋友。

比如总支书记马悦，知道"电讯工高师傅"会刻图章，有空就跑去和他聊天，有时开会回来就坐在他的工作台前聊很长时间；他也经常在总支书记办公室进进出出，和其他九名总支委员也混熟了，喜欢临摹齐白石的马悦甚至成了他的篆刻学生。

1961年,在马悦组织下,上海电影机械厂成立了"职工书法篆刻活动组"(另有"无线电研究小组"和"业余摄影小组")。这个活动组的组长由厂里的工会主席担任,副组长才是懂书法、篆刻的高式熊。

当时,一方面高式熊在政治上毫无地位,另一方面对于一个职工兴趣小组而言,这位书法、篆刻的辅导老师堪称豪华——爱好书法篆刻的学员们应该注意到,1962年,上海青年宫首创书法篆刻学习班,高式熊是与沈尹默、白蕉、拱德邻、潘学固、胡问遂、方去疾、钱君匋、单晓天等一起执教的。

十几人的活动组,每星期一个晚上,下了班留下来开展活动,主要由高式熊教篆刻。高老师指导有方,学员们进步神速。

上海市书法家协会及时得知,有这样一批从勤杂工、车工、技工到书记的篆刻爱好者在最基层活动,就邀请他们参加了那年3月举办的"上海市书法篆刻作品展览会"。高式熊接到任务,连夜加班粘贴好厂里篆刻小组成员分刻的毛泽东《蝶恋花》词句的印花,每方印下都具了作者名(书记某某刻、车工某某刻、技工某某刻、勤杂工某某刻、拍照某某刻等等),第二天一早送到展览会。上海电影机械厂职工书法篆刻活动组学员集体创作的篆刻作品毛泽东《蝶恋花》词句,于是亮相在上海观众面前。

职工篆刻小组的新闻,吸引了上海媒体的关注。4月的一天傍晚,高式熊下班刚回到家,就接厂里通知,《解放日报》记者要采访书法篆刻活动组,连忙赶回厂里。莅临采访的记者叫陆国伟(笔名"谷苇"),总支书记负责接待,后来还在厂里拍了一天新闻照片。

4月15日,《解放日报》刊登了新闻报道《一个工人书法篆刻小组》,图文并茂,加起来篇幅足有半张对开的报纸那么大。时隔36年,1997年,已经成为知名作家的谷苇先生发表文章《印坛驰骋"老少年"》,回忆起这一段久远的往事:

> 五六十年代,我任职于《解放日报》,较长时间从事文艺采访,也常为报纸副刊写点小文章。当时正值"三年自然灾害"之后,当局想到应该"与民休息"片刻了,一时报纸也提倡发表些"软一点"的东西。"八小时以外,还应该有点文化休息生活嘛!"——于是,"发掘"到了上海一家工厂居然有一个"工人篆刻小组"。跑去采访,工厂党总支书记马悦热情介绍说:"这个小组全靠本厂职工高式熊的辅导。"这样,就认得了高式熊先生,当时虽已不再是"翩翩少年",但还是英气勃勃(至今还是"英气勃勃"),不过说话之间多少有点谨慎。这是当年知识分子"夹紧尾巴做人"

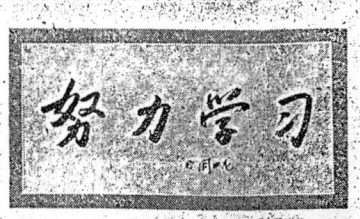
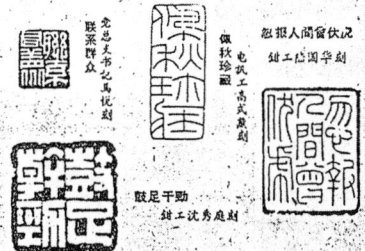

职工篆刻小组的新闻,上了《解放日报》

的通常现象,现在则已成为"事过境迁"的当事人之间相互揶揄笑谑的谈资了。这样,高式熊辅导的"工人篆刻小组"就登上了"党报"的显著版面。尽管刊出时,曾受好评,但一到"文革"自然就成了一大罪状,其罪名是:"企图把工人阶级引向封资修泥坑中去",是"和平演变"的"一大阴谋"云云。老高自然也少不了受到批判,接着我就被送到"干校"战天斗地,从此相忘江湖十多年,直到浩劫过后才重见于海上艺坛。

此次采访登报之后,高式熊更加出名了,外出讲课、篆刻等排满了他的业余生活。

记不清是1960年还是1961年,高式熊遭遇过一场不大不小的车祸,回忆起来却没有一点点后怕,反而庆幸"因祸得福","一个人的心理问题解决了,精神就好了,没有后顾之忧了!"

那年临近国庆节,他骑着自行车经过中苏友好大厦门口,突然与迎面驶来的一辆小轿车相撞。人一下子翻滚到轿车前箱盖上,头与轿车的挡风玻璃相撞,挡风玻璃应声而碎,头顶喷出的鲜血染红了白衬衫。他第一次亲眼看见那么多血,而且竟是从自己头顶心冒出来的,顿时吓懵了。交警见状,迅速脱下他的手套,捂住伤口,把他送进第六人民医院抢救。

躺在急诊室里,接受了治疗,又被要求录口供、签字。夜深人静,他感觉脑子十分清爽,确认是自己骑着那辆28吋自行车和人家撞了。

第二天一早,厂里接到通知,就派人去六院,用三轮车把他接到九院——他们厂的劳保医院。因为他那时在帮九院外科搞技术革新,大家都是熟悉的,所以厂里的人在门外对讲机里一说"高师傅来了",马上就有人抬了担架出来,把他抬到了早已收拾干净的37床。医生在旁边再三叮嘱:"头要低于身体,暂时不好睡枕头哦!"37床,就是他临时的家了。主治医生告诉他,要住一个月静养。

一个星期后,他就躺不住了,自己起床,到处游荡。一天,有位实习医生问他是否会拍照,他们在这家医院的实习快要毕业了,想拍几张手术室的工作照留念。于是,病人高师傅全副武装穿戴好,消好毒,拿着"紫金山牌"照相机,潜入手术室……不甘寂寞的病友,常常聚在一起玩,玩得正开心,看见医生来查房,就哧溜一下钻进被窝,假装听话静养……

出院前,医生又为他作了全身检查,关照说"如有问题,可以随时来看"。中医还给他开了最好的方子,让他"吃点中药,调养调养身子"。

后来听说,与他这个平民相撞的,是警备区司令部的小车!出院时,人家还跟他的单位抢着付医药费、住院费。

他心里感激不尽啊,"他们这么照顾我,我感觉我的命是新社会救的!"

精神爽了,病也好得格外快,和汽车撞得"飞起来"且"脑袋开花",竟然没有留下任何后遗症。

那一时期,高式熊的艺术继续蒸蒸日上。1961年4月,经潘伯鹰先生介绍,他加入了刚刚诞生的上海中国书法篆刻研究会。

"潘伯鹰先生做事体,清规戒律蛮多咯,他讲的一字一句都有分量。"高式熊记得,潘伯鹰客气,专门请他到政协俱乐部吃晚饭,说"有桩事体跟侬讲"。当时的政协委员可非同寻常,很多是潘伯鹰这样的文化名人。当时的政协俱乐部,不对外开放,要凭政协委员的"红派司"(委员证)才能进入,困难时期这里依然供应外面吃不到的美味佳肴。席间,潘问他是否同意加入上海中国书法篆刻研究会,他当然非常乐意,连连点头,这就算加入了。他是先加入、后填表的,可见潘伯鹰对他的器重。

上海中国书法篆刻研究会(简称"书刻会")是新中国历史上第一个书法篆刻家团体,来之不易。此前,书法家是归画院管的。沈尹默先生深知博大精深的书法在中国文化中的地位,一开始就认为把书法家归在画院里,使书法成为绘画的附属不合适。可是，设立和命名省市一级的画院，必须由国务院批准，当时根本不可能改动。沈尹默与郭绍虞、潘伯鹰等志同道合者几经商量，又亲自多方奔走，到处呼吁建立书法篆刻研究会。好在陈毅市长是喜欢书法的，听说此事，表示支持。这样，筹备了半年多，书刻会就从无到有。书刻会公推沈尹默为主任，郭绍虞、王个簃、潘伯鹰为副主任，潘伯鹰兼办公室主任。首批会员90人，除了画院里原有的书法家，又吸收了很多社会名流。

来看看这份会员名单：复旦大学教授王遽常、朱东润、周谷城、周予同、漆琪生，老报人严独鹤，孙中山先生秘书田桓，上海图书馆副馆长顾廷龙，雕塑家张充仁，上海中国画院院长丰子恺，画家吴湖帆、马公愚、唐云、朱屺瞻、来楚生，还有钱君匋、胡问遂、任政、赵冷月……几乎囊括了当时上海所有的文化精英！

会员中最年长的是张叔通，85岁；最年轻的是高式熊、方去疾、单孝天、吴朴，都是40岁。

潘伯鹰对高式熊篆刻才能的赏识，还有陈巨来《安持人物琐忆》一书中的文字为证："在余谪居淮南时，他（潘伯鹰）出全力以捧高式熊达三年之久，所有篆刻诿件，及友朋所嘱，均一一介于高君者云云。"

潘伯鹰之于高式熊，可以说就是伯乐之于千里马。换一个角度，也可以说，机会从来只青睐有准备的人，高式熊从童子功练起，积累了数十年，其成果应是水到渠成。

事实上，不单单是"诿件，及友朋所嘱"，有一段时间，潘伯鹰自己就请高式熊刻了近十方章，"有姓名章、别号章，各式各样，花样蛮多咯。"幸运的是，主人身后这些东西并没有散失，全部在其第二任妻子张荷君手里，后来由新加坡华人周颖南出版。

这位周颖南先生，虽在新加坡商界驰骋半辈子，却与中国文学界、书画界有着千丝万缕的联系。季羡林先生当年叹曰："我生平还没有遇到一个既是企业家又是文学家的人，有之自周颖南先生始。在我眼中，周颖南先生是一个奇人，可以入'奇人传'的。"他身兼新加坡同乐饮食业集团、海洋纺织有限公司、武汉新民众乐园董事长和上海华侨商务总汇有限公司董事，一手做生意、一手写文章，发表了200多万字的小说、诗歌等，出版了《周颖南文集》及《叶圣陶、周颖南通信集》《俞平伯、周颖南通信集》《刘海粟、周颖南通信集》等。中国现代文学馆辟有"周颖南文库"收藏其著作，他成为获此殊荣的海外第一人。

第五章

专家大玩家

十几年过去了,高式熊治印,还是像文中提到的那样"在坚硬的石头上刻字,刻刀还能运用自如,手腕仍然有劲"呢!与年轻朋友见面,这老顽童会趁你不防备,把你的手当作坚硬的石头,暗中发力,握得你生疼生疼的,然后只剩下为自己手无缚鸡之力而惭愧的份。

鲁迅笔名印谱

1956年,还发生了一件重要的事:好久不碰刻刀的高式熊,终于有机会重操旧业过把瘾。

一开始,张鲁庵、吴朴堂(又名吴朴)在一起刻鲁迅笔名,张鲁庵希望高式熊参与。好久不操刀,技痒难耐,高式熊利用业余时间,很快刻了20方左右。之后,又有一些圈子里的熟人加入,刻了几十方。

书法篆刻家马公愚得知此事,说:"这么好的事,公开刻刻嘛,不要几个人包了!"于是,张鲁庵、吴朴堂组织起一批篆刻家,集体创作《鲁迅笔名印谱》。王福庵、陈巨来等大家都参与了这次创作。几位主事者一起商量着,拟出了印谱目录。二三十人齐心协力,印谱内容逐渐丰富起来。

这个临时的创作群体在哪里办公呢?民主党派上海民进(注1)的秘书长曹鸿翥热心,邀请篆刻家们去民进市委开会、商量事情。虽然当年民进的办公条件并不好,还窝在二工大的棚棚里呢!四明村的高式熊家,则是另一个"会议室"。

那年8月18日的《解放日报》,对这件大事作了预告——《正在刻制的"鲁迅笔名印谱"》:

注1:民进,全称"中国民主促进会",是由从事教育、文化、出版、科学和其他工作的知识分子组成,具有政治联盟特点,为社会主义服务,与执政党中国共产党通力合作的一个参政党。

十月十九日——鲁迅先生逝世二十周年纪念日再有两个月就要到来了。

鲁迅先生生前正值我国处于反动统治的黑暗混乱时代，先生以辛辣的、针针见血、愤世嫉俗、寄希望于未来的笔，写出了无数人们当时要说而不敢说的话。在国民党反动派森严的压迫下，这些话都是用许多笔名投稿才得与读者见面的。

为了纪念先生逝世二十周年纪念日，高式熊等本市及外埠的六十八位金石篆刻者，正在积极编辑刻制"鲁迅笔名印谱"，全部印谱共计有印一百零八方，预计九月中旬就可全部完成。

10月，69位篆刻家，刻印119方（其中，高式熊刻了30多方），完成《鲁迅笔名印谱》的创作。钱瘦铁撰写《鲁迅笔名印谱》跋文：

鲁迅的笔名印谱，依据鲁迅全集、全集补遗、补遗续编、周遐寿鲁迅小说里的人物、许寿裳亡友鲁迅印象记，共刻印百一十九方，作者六十九人。张鲁庵主编，方去疾校对，华镜铃拓，此谱今年春季由张鲁庵、吴朴堂、高式熊、单孝天等发起，历时半载，始克完成。

一九五六年十月瘦铁识

119方印章，交人民美术出版社，出版了原拓印谱50部。这50部原拓印谱中，有40部当即被空运到了北京。这又是怎么回事呢？

原来，篆刻家们还在创作过程中，马公愚就跑到北京去吹嘘，京城艺术界都知道上海同行在忙的这件大事了，消息甚至传到了周恩来总理那里。周总理指定要这部印谱的原拓本，一下预订了40部。事情搞得有点太大了，马公愚紧张起来，一天一个电话从北京打回上海，催进度。

高式熊所在上海电影机械厂印幻灯机说明书的机器，被篆刻家们看上了。他打报告给厂长请求紧急支援，厂长当然不敢不批。还是张鲁庵供应连史纸，电影机械厂车间加班开印，印出多少，三轮车马上拉多少去拓边款……

昼夜不歇，赶在鲁迅逝世纪念日前夕完成了40部原拓原打的印谱。这40部印谱，交上海人民出版社，当天就运往北京。"这么顺利，是照了周总理的排头。周总理预订的，等于是圣旨啊！"高式熊说。

上海市地方志办公室编撰的《上海美术志》，把《鲁迅笔名印谱》归为篆刻印学社团的集体创作。

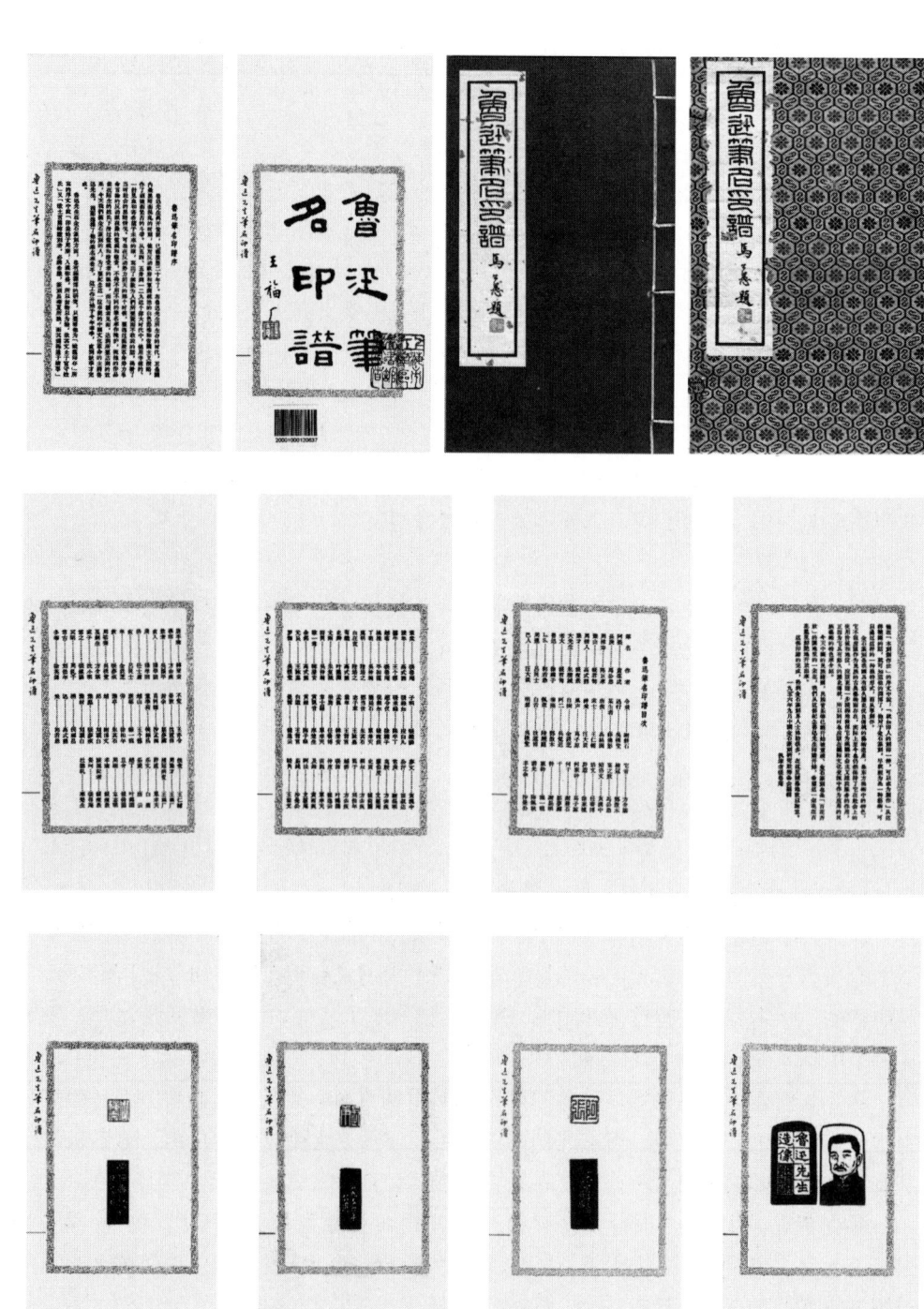

《鲁迅笔名印谱》

篆刻印学社团，是1955年秋，由张鲁庵发起，马公愚、高式熊等参与筹组成立的，又名中国金石篆刻研究社筹备会、中国金石篆刻研究社筹备委员会。王福庵、马公愚、钱瘦铁、王个簃、张鲁庵、陈巨来、朱其石、来楚生、叶露园、钱君匋、沙曼公、高式熊、单孝天、吴朴堂、方去疾为筹备委员，王福庵、马公愚、钱瘦铁、王个簃、张鲁庵、钱君匋、沙曼公为常务委员。公推王福庵任主任委员，马公愚、钱瘦铁为副主任委员，张鲁庵为秘书长。社址就设在余姚路134弄6号张鲁庵家里。

篆刻印学社团的宗旨，是"以研究和发扬我国几千年金石篆刻，培养专门人才，适应广大人民学习文化艺术的要求，并为政治和社会服务"。社员分布以苏浙沪为主，上海有高络园、白蕉、唐云、秦彦冲、吴仲坰、汪大铁、薛佛影、王哲言、穆一龙、郭若愚、陈佩秋、支慈庵、田叔达等，浙江有沙孟海、方介堪、韩登安、周节之等，江苏有沙曼翁等，北京有陈半丁、邓散木、于非闇等，达136人。

1958年4月，人民美术出版社出版石印线装本《鲁迅笔名印谱》630部。高式熊拥有的其中1部，不幸毁于"文革"。

在赵鸿霁的邀请下，参与创作《鲁迅笔名印谱》的篆刻家纷纷加入了上海民进。无党无派的艺术家高式熊，自此也成了民进一员。

篆刻家们找到了组织，真切地感受到地位变了，有奔头了。赵秘书长时刻关心着民进成员，甚至在高式熊被抄家后，还会打电话问候他，看看生活上有什么困难需要组织帮助。可是，到了"文革"如火如荼之际，民主党派活动也成了一大罪状，只好停止了。

鲁庵藏品及"鲁庵印泥"

1959年，西泠印社举办庆祝建国10周年金石书画大展时，张鲁庵曾应邀亲自护送自家藏品赴杭参展。受大展气氛、同仁热情的感染，他当时就表示，自己毕生收藏的归宿就在西泠印社。

这批珍贵藏品中，印章有秦汉官私铜印300余方；明清以来各家刻印1200余方；西泠八家刻印240余方，其中赵次闲刻印100余方，邓石如刻印2方，赵之谦、吴让之、吴昌硕等文人、画家刻印无不具备。印谱有明代版33种，清代顺治版1种、康熙版11种、雍正版3种、乾隆版59种、嘉庆版25种、道光版38种、咸丰版12种、同治版14种、光绪版74种、宣统版7种，民国版98种，新中国版7种，日本明治版5种，未记年代版48种，以及张鲁庵自拓印谱10种。

张鲁庵师从赵叔孺，与丁辅之、王福庵、陈巨来、方介堪等交游。来往的都是篆刻名家，其眼光、水平自然非同寻常，其藏品自然精益求精。艺林奉之为"极品琪璧"，绝非夸张。

此前，高式熊代张鲁庵联系捐赠事宜。先联系了北京、上海的几家单位，换来的是失望——根本谈不上去，人家都不当一回事。又与西泠印社联系，初步商定归藏西泠。

1962年4月，张鲁庵去世。张太太拿出丈夫的遗嘱，说丈夫早就想好要把珍藏的东西捐给公家的。张家专门致信西泠印社，表示一定遵从张鲁庵的遗愿，"将其毕生研究贡献给人民，为社会主义建设事业尽一份微薄的力量"。杭州市文化局、西泠印社派出一个五六人的小组，登门与张家人协商捐赠的事。

张鲁庵的收藏，分布在张宅两上两下的老房子里。对此，高式熊比张太太及鲁庵的六个女儿、两个儿子都熟识，他闭着眼睛都能数得出张家的书橱里有多少宝贝。正在杭州的他赶回上海，向单位请了三天假，跑到张家帮忙清理。秦康祥也参与了藏品点验。所有藏品，装箱、贴封条，有整整一车皮，准备运往杭州。

此时，突然传来消息说，这批捐赠文物是不得出上海的。原来，按文物管理的相关规定，个人藏品若要捐献，只能捐献给人民政府。而张家这批藏品的捐赠对象是西泠印社，并不是人民政府。

后经上海市文化局、杭州市人民委员会与上海文物管理部门多方协调，商量出一个变通的办法——上海市委宣传部领导同意，这批藏品先由张家捐给杭州市人民委员会，再由杭州市人民委员会委托西泠印社保管、使用。这样，张鲁庵收藏30多年的433部、近2000册历代印谱，1525方名贵印章，总算可以运出上海了。书柜搭船走水路，印谱、印章装箱搭火车走陆路，全部安全运抵杭州。

10月，西泠印社办公室邀请诸乐三、沙孟海、韩登安、朱醉竹、刘江等专家开箱整理、登记张鲁庵"望云草堂"藏品，并在葛岭辟专室庋藏。"望云草堂"匾额，为时任西泠印社社长张宗祥亲笔书写。

等到那年12月，西泠印社在杭州饭店召开建国后第一次社员大会，正式举行了接受张鲁庵捐献仪式。张鲁庵的私藏，终于如愿以偿归了公家。他是西泠印社自成立以来，捐赠私人收藏品最多、最好的一位。捐献仪式上，高式熊代表张鲁庵家属致答谢词，张家得了1万元的奖金。

张鲁庵的善制印泥、刻刀，与他的善治印和收藏一样名闻遐迩。

张鲁庵是家里的独养儿子，在南京路上的大陆商场有一家"益元参号"，但他

与张永敏等整理鲁庵捐献藏品

几乎不去店里,生意全部请人打理。他也没有喝酒之类别的嗜好,玩来玩去就钻到了篆刻里。

身为张同泰药店的第五代传人,他像自家祖上研究川贝枇杷膏、羊胆丸和赛空青眼药一样,把一生的大部分精力都耗在了研制印泥上。

张鲁庵自号"印泥工人",做起印泥来把家弄得像个大实验室。他投下大资本,聘请化学、物理专家陈灵生、余雪扬,到家里共同探研,从原料选择到配方比例的调整,经过无数次的筛选,研制出了极品印泥。

"即便连续印十方细元朱文,印文也不走样,这就是鲁庵印泥的厉害之处。"高式熊说,"这个特制工艺秘方,从1号到56号,浸润了张鲁庵毕生的心血。因为这秘方里，含有中药和多种化学成分，再经过手工操作和自然氧化的过程，其中包括研朱砂、搓艾绒、制蓖麻油三道工序。其绝招还包括印泥的配制，非常讲究，即根据上海的气候所特制，必须热天不烂、寒天不硬，印色鲜艳雅丽、质薄匀净，故称之为海派印泥。"这种印泥的朱红颜色不渗不化，且永不褪色，被圈内人尊为"鲁庵印泥"。

"鲁庵印泥"闻名天下，甚至有"一两黄金一两鲁庵印泥"之说。当时，北京有位从皇宫里出来的制造印泥高手徐正庵，做的印泥堪称天下第一。"鲁庵印泥"问世后，书画家们用的时候自然关心哪一个更优，比较下来，感觉两种印泥难分伯仲，就有了"南张北徐"的说法。

张鲁庵做刻刀，用昂贵的德国"鹰力球牌"锋钢，剖开，打磨好，加竹制或木制手柄，外扎粗的老弦线，再涂上生漆。这样的刻刀不但美观，更大的优点是捏得牢，好用，经久不坏。

哪天想到要做刀了，张鲁庵便拿出全套的高级工具，埋头做起来，废寝忘食。他让陪在旁边的高式熊也打电话说不回家吃饭了，直到做出一把满意的刻刀为止。全手工磨出来的刀，竟然和机械磨的一样平。

《潘伯鹰文存》之《小沧桑记》中，有一篇《印泥工人张鲁庵》，作者认为张鲁庵成功的原因正是"认真"二字："他并无不可告人的秘密，只是认真而已。因为认真，别人所不能体察到的细微关键，他能抓住。屡察屡改，以至他称了'状元'。"

最有意思的是，"鲁庵印泥"、刻刀在张鲁庵，只是"做做白相相"的，不卖的。当年，张大千、吴湖帆、徐森玉、赵叔孺、王福庵、陈巨来都用张鲁庵送的"鲁庵印泥"、刻刀，后来上海博物馆也用了，再后来台湾地区和日本的书画家也用了。张大千离开大陆后，还托人设法捎去"鲁庵印泥"呢！

大家用了觉得好，就是张鲁庵最大的快乐。张鲁庵的快乐，与钱无关。"伊活络得不得了，样样都要白相相，真会白相，而且肯掼钞票，但做出来的印泥从来不卖的，就送送朋友，交关慷慨，还是小开脾气嘛！"高式熊这样评论亦师亦友的张鲁庵。他平时用的刻刀，有两把是张鲁庵制，其中一把后来捐给了鲁庵印泥传习所。

在张鲁庵身边，高式熊先是看着他玩，后来也参与了他的玩。

张鲁庵最早送高式熊"鲁庵印泥"时，高才21岁。过了几年，高式熊建议他公开印泥方子。他却说："公开呒啥稀奇，但呒人重视啊！"高式熊遂去联系博物馆、书协、西泠印社，果然各方都不重视。在张鲁庵逝世的前一年，他俩还一边制作印泥，一边兴奋地商量如何公开秘方的事。

张鲁庵病重时,把"鲁庵印泥49号秘方"交到高式熊手里,说:"这么多年来,侬对'鲁庵印泥'的制作工艺已经十分了解,这个融合中国传统文化与海派特色的技艺,希望侬能够传下去……"

直到一个多甲子后的2007年,听说上海静安区文史馆、文化局要申请上海市的非物质文化遗产,高式熊翻出珍藏于老屋的"鲁庵印泥49号秘方"。"60多年来,我一直在业界呼吁保护鲁庵印泥传统制作工艺,今天是时候拿出这个小东西了。因为国家重视,它也终于有了'非物质文化遗产'这个既平民又高贵的称谓了!"

在"百度百科"上,"遗产编号"Ⅷ-15的"鲁庵印泥制作技艺",有这样的简介:

工艺概述

鲁庵印泥是印泥中的上品,与西泠印泥、潜泉印泥等相比,鲁庵印泥也是最好的。因其具有"印色鲜艳雅丽、质薄匀净,细腻而黏稠度高,热天不烂,寒天不硬,永不褪色"的特点,故用此印泥,即便连钤细元朱文印十方,印文不走样,特别是一批珍贵的篆刻名作在鲁庵印泥的衬托下才能完整地展现出来,这在别的印泥是办不到的。

鲁庵印泥在上海独树一帜,海派书画名家吴湖帆、贺天健,书法家高振霄、王福庵,篆刻大家陈巨来等都使用该印泥,并作为上海市文物管理委员会、上海博物馆、上海图书馆等相关部门进行书画鉴定的重要依据,其影响也波及日本、韩国及东南亚地区,受到书画家们的欢迎。

鲁庵印泥是用传统手工工艺制作而成的,因其用料之讲究,特定配方、制作技艺之精细,加之现有原料的匮乏,已很难恢复,因此值得对其进行保护。

制作过程

"鲁庵印泥"由清末民初的海派印泥大师张鲁庵创制,印泥的制作过程包括手工操作和自然氧化,制作配方有50余种,不仅可以使印文保持原样,还能保证盖到纸上的印章永不褪色。

印泥特点

1. 具有特定的配方;
2. 具有特定的制作技艺;
3. 印色鲜艳雅丽、质薄匀净,细腻而黏稠度高,热天不烂,寒天不硬,永不褪色;
4. 具有传承谱系。

2012年6月4日，张永敏、高式熊共同捐出鲁庵印泥秘方

工艺现状

静安区已经对"鲁庵印泥"的保护进行了相应的规划，计划成立一个鲁庵印泥培训班，并邀请一些具有较高文化素养的年轻篆刻家、印泥制作技师参与这项技艺的传承。

在静安区，还有一个张鲁庵的朋友，见了"鲁庵印泥"申请非遗的消息，趁机自称传人，做起印泥生意。冒牌货卖到北京，遭退货。后来，静安区有关部门出面，打掉了这个冒牌货。静安区打算在南京西路专门成立一个"鲁庵印泥研究室"。

张鲁庵的儿子张永敏现居杭州，是退休的化学教授，也会做印泥。对于"鲁庵印泥"的命运，他"全权委托高先生"。

2008年，静安区决定拿"鲁庵印泥"去申请国家级的非物质文化遗产。北京来的非遗申请专家了解到"鲁庵印泥"制作工艺的全部过程后，惊喜地表示："这象征了海派文化的一个创作形态。难能可贵的是，制作鲁庵印泥的见证人深藏着当年制作的秘方，体现了传承脉络的完整性。"于是，"上海鲁庵印泥"出现在文化部公示的第二批国家级非物质文化遗产名录推荐名单中。

高式熊因鲁庵印泥,成了"非遗"代表性传承人

这意味着"上海鲁庵印泥"与"漳州八宝印泥"一起成为全国仅有的两个国宝级印泥。据说,北京方面还计划将来制作"鲁庵印泥"作为国礼。

目前,掌握"鲁庵印泥"技艺的不超过3人。高式熊守护着"鲁庵印泥"。2011年在台湾,彼岸同行有意制作"鲁庵印泥",与他接洽,他不允,"上海还没有做呢!"他还是寄希望于上海,寄希望于静安区。

2012年6月初,高式熊以鲁庵印泥传承人的身份,向上海静安区文史馆捐赠了"鲁庵印泥第49号秘方"。张鲁庵当年研制的秘方达56个之多,而今49号秘方硕果仅存,好在49号是最好的一种。张永敏与高式熊一起,捐出了张鲁庵生前使用的物品,包括刻刀。

捐赠仪式上,高式熊潸然泪下。这是他应承忘年好友的一桩大事啊,60年的心愿终于了却了!

让高式熊决意捐赠的,是静安区文化局的一个举动——成立国宝鲁庵印泥技艺传习所。落户静安区中心地段一幢 400 平方米房子内的传习所，将成为教育、培养鲁庵印泥新一代传承人的基地，由高式熊开培训班带学生，同时以工作坊的形式让市民自己动手制作印泥。

"做'鲁庵印泥'，要寻最好的朱砂。"高式熊说，想要打响这个品牌，讲究原料，可能是政府重视之外最要紧的一点。

至于传习所，他希望不要把它当作一个挂牌的空架子，而是要切切实实地做实事。"譬如说，艺术家都可以来参与研究鲁庵印泥的制作工艺，所谓君子动口也动手。"

另类养生经

许是年轻时就受了张鲁庵师的影响，高式熊也很会玩。

玩得最精的是照相机。少年时代，母亲给他买了第一个照相机——十几块钱的"蔡司伊康"。不久，这件宝贝被朋友借走，从此没有下落。他念念不忘，直到另一朋友买了个二手"柯达"照相机送他。当时，因为胶卷价钱太贵（120 胶卷 3.45 元一卷），有了照相机也玩不大起。

后来，在维纳氏厂，高式熊意外发现老板也喜欢玩照相机，和自己很有共同语言。老板在静安寺开过一家雪鸿照相馆，正是他之前买照相机的店。公私合营后到了电影机械厂，他在社会主义学校学习期间，担任班里的文体副主任，主任不管事，他全权负责校庆的舞台设计、请演员、拍照。为了拍照，回厂里向组长借照相机，组长不肯，"这只机器，要 500 多块，不好借的！"演出照片就此没拍成，他发誓无论如何自己要买一个好照相机，哪怕当掉皮袍子也要买！

1961 年、1962 年时的月工资，只有 100 多元，可他花 80 元买了一个"上海牌"581 型照相机。没多久，又买了个 582 型。后来看到南京电影机械厂出的"紫金山牌"照相机更好，又买了一个。这样，在照相机是绝对奢侈品的年代，他一下子拥有了三个照相机。

从此，买照相机成了一个习惯。在上海或出门在外，但凡看见好的名牌照相机，他就会买。收藏照相机的名声传开去，各路朋友手里有好东西，也会送上门来。最近，摄影家协会一位副主席刚刚送了一个照相机给他。"我的包里，至少要放一个照相机。'莱卡'我有三四个，'佳能'5Dmark2，日本所有的好照相机我都摸过……好照相机，可遇不可求的。"

如今，他收藏的名牌照相机多得连自己也说不清了。有人建议搞个家庭收藏陈列室。他一笑了之，"用勿着用勿着，这些相机用盒子装了，安插在我屋里的各个

摄影师

角落，在书橱里、床边、某个架子上……"他甚至有点得意，没有人知道哪个盒子里装的是相机，只有他自己心里最清楚。

照相机是自己的，拍了照算谁的呢？高式熊完全没有版权意识。1962年，西泠印社成立60周年纪念筹备委员会成立。他带了三个照相机去，120的、135的"上海牌"各一，还有一个双镜头的"禄来牌"。他的镜头，专门聚焦于老一代篆刻家，拍了五六十张不同角度的单人创作照。同时在场的新华社、《浙江日报》摄影记者都忙着拍主席台、拍横幅、拍大场面、拍领导，到了发稿时突然需要篆刻家创作照片了，只好求助于印社。高式熊就把自己拍的照片连底片都给了人家。

怎么连底片也交出去呢？高式熊可不在乎什么版权，"这些东西不姓'高'，公家用得着，好，都拿去！"他说，自己所有的东西以后都是国家的。

有人说高式熊长得像毕加索，有人给他起了个外号叫"伊万诺夫"，总之都觉得他看着不像咱中国人，而像欧美国家的老外。

一次参加笔会，高式熊正埋头书写，围观者中有人发现新大陆似的大声赞叹起来："这个外国人，毛笔字写得太好了！"

出访日本回来，在机场进关当然是走中国人通道，可机场工作人员硬把高式熊拉去外国人通道口。女儿忙向人家解释："伊是上海人，上海人呀！"可对方不相信，非要用英语问他相关问题。谁让他长了一张富于雕刻感的外国面孔呢！

因为这副长相，他多次应邀客串电影、电视剧里的外国人。在电影《万水千山总是情》中演一位外国摄影师，道具正是自家收藏的上世纪初产的"柯达格林福"照相机。电视剧《一号机密》拍到1930年代旧上海老年爵士乐队，他这位老克勒扮演萨克斯管乐手都不用化妆，套上一身红制服就是了。

电影机械厂的职业生涯，练就了他对音响音质的敏感度。所以，在电视剧里扮演爵士乐队吹奏手，对他来说小菜一碟。还有一次，在美琪大戏院听邓丽君歌曲演唱会，他乍一听就说"有问题，音响没调好"，音响师马上跑去补救，不一会儿，一旁懂行的朋友赞叹"声音完全两样了"。

他是西洋音乐的发烧友，又弹得一手好吉他。

很偶然的机会，他听到一种特别好听的乐器声音。交响乐团的朋友告诉他，那乐器叫夏威夷吉他。隔了几天，朋友送了一把吉他上门，声明"无限期出租"，当然是有条件的——要他写一个《铜雀台赋》扇面。

"我的吉他老师，是柳中尧先生！"说起吉他师承，他就像说书法篆刻师承一样自信。柳中尧可是当年音乐界的名流，与在上海国立音专任教的音乐家黄自齐名。柳氏家族在上海建有国泰电影院。柳中尧曾是上海工部局交响乐团的首席小提琴，改编过国乐代表曲目《春江花月夜》。

他这个连简谱都不识的学生，买来夏威夷吉他曲子的书，与四五个同好一起学得煞是投入，课后勤于练习，进步还蛮快的。

后来，经专业人士介绍，他进了和平口琴会，成了一名负责电口琴、电风琴、电吉他部分的队员，也开始接触贝司、西班牙吉他等乐器。

那是1961年、1962年，上海正风靡轻音乐，口琴会平时白天排练，晚上骑自行车到处演出，很多大学校园回荡着他们的琴声。一次应邀在国际电影院演出，报纸一预告，票子卖完了，为满足没买到票的听众而加演了一场。还有一次是科学会堂的暑期音乐会，黑市票价翻了几倍，他这个业余选手竟与葛朝祉、周小燕等专业名家同台演出。

出访洛杉矶时，他说起平·克劳斯贝的某支名曲是吉他伴奏的，美国人很诧异，"你怎么会知道平·克劳斯贝？"他告诉对方，自己家里有平·克劳斯贝的唱片。他回家找出那张伴奏碟，还有电影《泰坦尼克号》的伴奏碟，"好的伴奏，有劲！听上去骨头也酥脱咪！"

电影机械厂的《梁祝》伴奏带，使他悟得音乐的气势，"那是无形的气势，而公孙大娘舞剑是有形的气势。"触类旁通的各种艺术养料，都潜移默化到了他的书

吉他手（摄于 1964 年前后）

法、篆刻作品中。

更值得一说的一项爱好，现代人无法猜到——写日记。父亲高太史书写治学日记《静远斋高氏日钞》，每日一篇，从不中辍，一辈子写了 237 册。高式熊从小耳濡目染，18 岁开始也记起了日记，坚持天天记，有时实在抽不出时间，就事后补记。所有的日记本，"文革"中因抄家的红卫兵不屑一顾而躲过浩劫，保存完整，为后人研究艺术家、研究历史留下了一份宝贵的文献资料。

高式熊信奉"有爱好，不寂寞"。

早年，父亲爱听评弹，他跟着父亲去书场听，也迷上了。他在家里自己动手，琢磨着拉有线广播、装喇叭，一阵忙碌之后，三楼、二楼、亭子间，走到哪里都能听评弹了。

除了照相机、吉他、古典乐、爵士乐、评弹，他还玩过游泳、骑马、射击，手枪、步枪、飞碟都打过，还"一向欢喜白相车子，研究车子的构造，要晓得开车的道理"，还订了汽车杂志来钻研。他不开车，但听发动机声音就晓得是什么牌子的车。

2011 年，他专程去大场机场学开车，第一次摸方向盘，一玩就是大半天，从 50 码一路开到 80 码。朋友看他开得有模有样，以为他从前学过，他却说："广本雅

修椅子（王宇仁摄于 1996 年前后）

阁嘛，我常常坐咯，熟悉咯！"之后有一次，在新沪路上的爱使书画院，他发现下面是一间驾驶学校，又手痒了，非要下去玩。人家马上派了个老师傅教他，先在电脑上熟悉驾车规则，再去开"桑塔纳"。他还摸过"北京"吉普。2012 年，又跑到南汇玩了把 AudiQ7。可他还有不少遗憾呢，"这辈子，摩托车呒骑过，溜冰鞋呒着过……"

90 岁还这样子玩的人，你若问他晒不晒太阳？睡不睡午觉？锻炼身体吗？看医生吗？是要被他嘲笑的。这些问题，在高式熊那里都免谈——哪里有空啊！每年体检，医生给出的评价总是"OK、OK"，甚至惊喜地告诉他"侬的脑电波，像 50 岁左右的中年人"。

大伏天、大冬天，高式熊依然常常应邀外出参加书法、篆刻活动。难得有一天在家，他也是黎明即起，写字、刻图章，不忙到天黑不歇手，其间还要接待络绎不绝的各路访客，约好的客人或不速之客……

这样的长寿者，是最有资格谈养生之道的。79 岁那年，他就应健康类杂志之约，写过一篇《健身一得：写字也是运动》，总结了作为书法篆刻家的另类养生经："练书法似与练气功有异曲同工之妙。练书法有规矩，坐姿必须端正，执笔悬腕悬肘都需用力。写字作画，都需闲静，不骄不躁，心无旁骛。每一字从起笔到收笔，

收藏家（程多多作于2003年）

"牛仔"与狗

一气贯通，意在笔先，这样写出来的字，才有精神。"他觉得，写字作画与气功原理相通，但又不尽相同，"写字的静是静中有动，动中有静。写字看起来很轻松、很安闲，其实，也是用力的活儿。毫管虽轻，但运腕悬肘，都需力气。功夫到家，会有力透纸背的效果。临帖学书，一定要看一笔，写一笔，看一字，写一字，边看法帖，边临摹，颈部左转右旋，是频繁的长时间的颈部运动，为此长年运动，当然不会生颈椎病。"又说到篆刻，"实则是一件手脑并用的活，动静结合的功。"

十几年过去了，高式熊治印，还是像文中提到的那样"在坚硬的石头上刻字，刻刀还能运用自如，手腕仍然有劲"呢！与年轻朋友见面，这老顽童会趁你不防备，把你的手当作坚硬的石头，暗中发力，握得你生疼生疼的，然后只剩下为自己手无缚鸡之力而惭愧的份。

有个细节，蛮奇怪的：他握了七八十年的刻刀，手上竟没有一点老茧。

第六章

遭遇"文化大革命"

"共产党平时的政策不是这样子的,这一切都是一时的邪风,事情终有一天会弄清楚的,终有一天会出头的!"高式熊这么想着,心就一天天平静下来了,还有什么事看不穿呢!

落难唯一的好处,大概就是看得出人的好坏。"抄家之前拍马屁的人多啊,抄家之后都看不见了!"

"文化大革命"来了。担任上海维纳氏电工器材厂资方代理人和辅导上海电影机械厂"职工书法篆刻活动组",成了高式熊的两大罪状。加在他头上的罪名,叫做"十足的资产阶级分子""吸血鬼"和"企图把工人阶级引向封资修泥坑中去"。

刻字刀忽成"杀人凶器",他自然不能在原岗位工作了,被贬到车间里"监督劳动",而且一次又一次地贬,越贬越低,最后到了翻砂车间当勤杂工。那可是全厂最脏、最重体力的劳动!

跌到最底层

从每天上班听高级音乐,一下跌落到要扛几百斤重的铁水包,要敲碎几吨重的焦炭或生铁,把几吨重的黄沙、黑沙送进拌沙机搅拌,要掏粪坑、浇柏油、造房子、刷墙……繁重的劳动之外,天天还要写思想汇报,有时还要被拉出去腰弯成90度批斗、陪斗。和他做同事的,是劳务科、财务科下来的几个人,不是贪污,就是精神有毛病,可他这个"资产阶级分子"混迹其中,还要服侍好其他人,简直是"勤杂工的勤杂工"!

"开头时,我心里是非常痛苦的,但时间长了,也就随遇而安了。长期写书法、刻印章,本来体力就不差,这些劳动强度还是受得了。"患难之际,高式熊感受到了底层劳动者的善良心地——

马悦书记因为"与资产阶级混得很熟",受到了批评,但这并不妨碍他暗中保护高式熊。车间里的普通人，也都默默地保护着他。

铁水包里面的温度可达上千度，工人们都穿着防护的石棉衣，他这个被打倒的人不可能发到石棉衣等劳防用品。抬包时，车间主任大喊一声："大家注意，'监督'好高式熊！"一起抬的工人就会尽量把铁水包往自身的方向挪，以减轻他承担的重量，这样可以尽可能地减少他的危险。

下雪天，见他在车间外面劳动，工人们就会找些车间里面的活让他做，以免受冻。有一次，他一个人在雪地里敲焦炭，里面有人大声叫他进去扫地，进了门，那人压低声音对他说："这么冷的天，别人都躲在里面烤火，你不要去雪地里了……"

红卫兵冲进工厂要揪斗他，工人们拦在门口说："你们把他揪走了，必须派人来扛铁水包！谁抓人，谁就来扛铁水包！否则就是破坏'抓革命、促生产'！"

实在护不住了，见他要在雪地里挨斗，工人们还不忘仔细叮咛："你今天眼镜不要戴噢！万一他们动手动脚，会伤着的……"

有一次，军工车间通宵赶任务，工人每人都有一份包子、牛肉汤吃，他没有份，得自己用粮票去买冷馒头。夜宵时间，忽听有工人大喝一声："高式熊，进来扫扫地！"他进去，那工人悄声招呼他："牛肉汤我喝掉了，包子留给你……"吃着热乎乎的包子，他落泪了，"这一顿夜宵回味至今，即使山珍海味也不能与之媲美啊！"

他心里头像夜宵一样热乎乎的，充满了感恩，"我知道工人们是善良的，他们以自己的方式在保护我。工作时再苦再累，回家或写字，或刻印章，心境也就很平和了。"

就这样，在最苦的翻砂车间，他越做越开心，技能也越来越高，干那么重的体力活却从没出过工伤。因为表现好、技能高，录音车间有军工任务了还被叫回去帮忙……"工业学大庆"（注1）以后，他年年被评上车间里的先进工作者，参加厂一级的评比二等奖总是稳拿的。

到十几年后落实政策调离翻砂车间时，甚至传出了"要两个熟练师傅调换一个高式熊"的佳话。

高式熊以前从未见识过抄家。1966年8月，红卫兵上街没几天，就抄到高家去了。

注1：1963年底，经过三年多的奋战，位于东北松辽盆地的大庆油田探明储量开始建设，结束了中国人靠"洋油"过日子的时代。以王进喜为代表的大庆人，吃苦耐劳，公而忘私，使大庆成为全国工业系统的一面旗帜。1964年2月5日，中共中央发出通知，号召全国学习大庆油田的经验。2月13日，毛泽东在春节座谈会上号召学大庆。此后，"工业学大庆"口号在全国传播。

那日，天阴沉沉的，十来个红卫兵突然冲进厂里通知他，要抄家了，让他这就跟着回去。

回到家里，他和太太、女儿、儿子靠边站，看着那些红卫兵到处乱翻，把仅有的首饰、高跟鞋抄走了，还抄走不少字画。父亲留下的3000册书，连同6个大书架，被锁进三楼后面的小间，门上贴了封条。至于最想抄的黄金、美钞，连影子都没有。红卫兵们悻悻而去。

几个月后，又重新来了一次抄家，书也全部被运走了。除了这3000册的数量是本来就知道的，别的东西哪里来得及清点，成了一笔糊涂账。被抄之后的家，碎纸片像厚地毯，铺满了房间地板。

一开始，他还感觉到心疼，很快就不大疼了，不疼了，终于麻木了。

四明村高家的三层楼房，一楼客堂早在大炼钢铁时就已"支援"出去了，这时二楼也保不住了，高家人接到"立刻搬清"的命令。几十年过日子积攒下来的东西，怎么可能立刻搬清呢？只好卖的卖、扔的扔。乱世里，也顾不得那么多了。

家门口贴满了大字报，高式熊不时被拉到弄堂里训话、骂一顿，总算没有挨过打。各种各样的人都可以上门抄家，进了家门随便什么都可以乱翻。"人成了畜生！"落难的时候，任何人都可以骂他、欺负他，甚至敲诈勒索，冲他喊"借点钞票来用用"，当然是有借无还的。

自杀？不是没有想到过。可"文革"前对共产党的信任，使他打消了轻生的念头。"共产党平时的政策不是这样子的，这一切都是一时的邪风，事情终有一天会弄清楚的，终有一天会出头的！"这么想着，心就一天天平静下来了，还有什么事看不穿呢！他告诉自己：再灰心，无论如何到死再说。

高家78号的后门，正对着60号的前门，门上贴着高式熊被迫写的检讨书。他居然心态好到拿了相机，拍下自己亲笔写的检讨书，因为"这是资料，一生的记录"。可惜，这张不可多得的"立此存照"后来在又一次抄家中被抄走了。

天生豁达的高式熊，并不看重身外之物。可日子总还得过下去啊，过日子需要钱，这是最实际的问题。夫妇俩带两个孩子，还要负担一个姐姐、一个妹妹的生活，一大家子的开销全靠他一个人的工资。

他本来每月有200个单位（那时大约折合人民币100元多一点）工资，抄家后被割到60元（即全家每人每月12元的生活费）。上下班骑的自行车也被红卫兵强行"借走"了，只好乘24路电车来回。单程车票7分钱，为了省钱，他总是走几站再乘，只花4分钱。厂里的午餐，买一个5分钱的汤淘淘饭，就对付过去了。

"毕加索是我阿哥，我是毕家老三——瘪三！"到这种地步，只有自嘲了。真的，他自我感觉"活得就像个瘪三"。

当然，落难也并非一无是处。唯一的好处，大概就是看得出周围人的好坏了吧。"抄家之前拍马屁的人多啊，抄家之后都看不见了！"

1972年，高式熊52岁。落难很久了，对于一切的"待遇"，他早就麻木了，习以为常了，以为这辈子也就这样过去了。做梦也想不到，人生还会出现巨大的逆转。

11月的一天中午，他接到通知，让他去一趟人事科。

进门，只听科长说："侬请坐，批文来了……"他不由得一愣，多久没有人对自己用"请"字了！颤抖着双手，接过那纸决定自己命运的批文，眼睛一热，几乎看不清那上面的字……

又听支部书记开了腔："下午开大会，高式熊同志，侬是革命群众，请侬进大礼堂……"他简直不相信自己的耳朵，怔怔地没有应答。支部书记强调："侬已经平反了，以后就是同志了。"他才确认，一切都是真的！

厂里开大会，宣读了上级的批文，宣布高式熊是"正式的工人阶级"了，并当场发给他一个通红的工会会员证。他呆立在台上，台下全场高呼"毛主席万岁"，他打心眼里也想喊，但发现自己嗓子突然之间哑掉了，像在梦里，怎么用力都喊不出声来。

"这种刺激太深了，一生难忘啊！"他说，先做老板、后做工人，又做资产阶级、再做回工人，这种经历是别人没有的。

落实政策的消息，当天他就通知了家人、亲友。"抄家，抄走的是身外之物，无所谓的；平反，给我的是一个人的地位，我心定了！"那一夜，他被刺激得辗转反侧，失眠了。

身份恢复了，人际关系也随之转暖。曾经挨批斗的家门口弄堂里，邻居们又对他笑脸相迎了。送他回家的车子到了弄堂口，看门的师傅会跑出来招呼："我帮侬开铁门，车子开进去！"这些，都是"监督劳动"时想都不敢想的啊！后来，居委会甚至出了个不成文的规定：外来的车子，只有找高老的才能免停车费开进弄堂。

提起历史，高式熊总是说："如果没有这段经历，我对人生的感悟要肤浅得多。"

青山农家的艺术沙龙

在"文化大革命"的狂风暴雨中，上海却有一个地方始终没有受到冲击，宁静得一如世外桃源。那就是新闸路1312号的黄家。

黄家的户主，是民国时期的大书画家、篆刻家、书画鉴定家黄葆戌。黄葆戌有

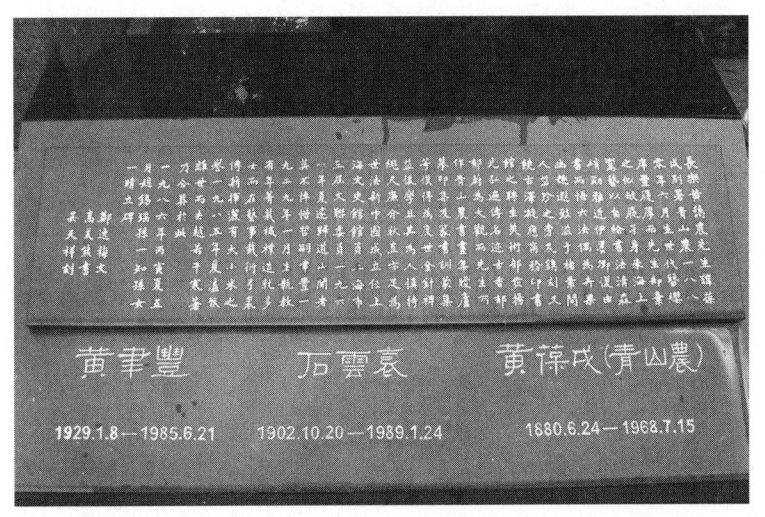

青山农墓志铭

个别署更著名,叫"青山农"。他曾长期担任商务印书馆美术部主任,收集出版大量历代、当代的书画作品,发扬光弘,蔚为大观;他负责出版宋拓淳化阁帖、天籁阁旧存宋人画册等,又兼任《中华新报》"文苑"副刊主编和上海美术专科学校国画系主任、上海大学美术科教授等。论书法,他与王福庵、马公愚齐名,称"海上三老";论审定书画,他又与姚虞琴、吴湖帆、张大壮并称"沪滨四慧眼"。抗战胜利后,他辞去商务印书馆职务,以鬻艺自给。他一生著作甚多,主要有《青山农篆书百家姓》《青山农分书千字文》《青山农书画集》《暖庐摹印集》《青山农一知录》等。早年他曾以其世祖黄勉斋事迹为例,治印"葱汤麦饭家风"以自勉。

高、黄两家是世交,高太史与青山农当年时常交流作品,1949年后又同时被聘为上海文史馆的首批馆员。

高式熊最早与青山农的交流,却是为老先生拍肖像照——1960年代,正热衷于收藏、研究照相机的高式熊,多次背着比照相馆的机器还考究的摄影器材,兴冲冲上门,像照相馆的专业摄影师一样架好机器,为青山农老先生布光、设计造型、构图,忙乎半天拍完一组肖像,隔几天再把冲印好的照片送上门去。

青山农之子黄聿丰说起那些照片,总是赞不绝口,"高式熊的物事,老灵咯!"近半个世纪后,为纪念黄葆戉先生诞辰120周年,黄聿丰之妻蔡锡瑶整理、印制《蔗香馆诗稿》,要配照片,发现青山农许多较好的肖像照都是"高先生特地上门来拍的"。

"蔗香馆"是青山农的斋名之一,此外还有暖庐、破钵庵、检禁斋、永春堂等名字。那是典型的上海新式弄堂房子,建于1936年,弄堂口的匾额就是青山农题的隶书"慈孝邨"三个大字。黄家在慈孝邨建好不久就租住在这里了。

不知得了什么神秘的庇护,黄家在"文革"初期和后来的"破四旧"抄家中,都成为"漏网之鱼",家里的一些收藏得以幸免于难。这在全中国大概也是少有的。

"文革"期间,黄聿丰继承父亲的传统,常常与爱好书法篆刻的同好在家里相聚。一些对中国传统文化念念不忘的朋友,慢慢把这里当成了远离政治漩涡的艺术沙龙,有事没事过来坐坐,喝喝茶、聊聊天、刻刻图章。沙龙的常客,老中青都有,包括书法篆刻家高式熊、吴子建、周志高、黄简、吴天祥、沈培方、袁雪山,作家郑逸梅,等等。

在黄聿丰之子黄一知的回忆文章里,"文革"中的高式熊"在厂里做工人,没有太多地方可去,到我家来和我父亲聊天也许是那个年代里少有的快乐事情之一了。我对高式熊那时最深刻的印象就是他说话的中气特别足,可见身体非常之好,现在的长寿也和那时的身体好有关吧。我最早的印章就是他刻的,他给我刻过好几个,有一两个现在还是常常在用"。

高式熊刻的章,力道足,用了40年还能用。不像有的篆刻家刻得浅,若干年后就不行了。

在厂里作为劳动改造对象的高式熊,到了黄家依然是要好朋友、座上宾,暂时抛开了抬不起头来的感觉,蛮开心的,所以常常去坐。

当时,他在外面碍于身份,已经不敢给人刻章了;但黄家女主人蔡锡瑶请他

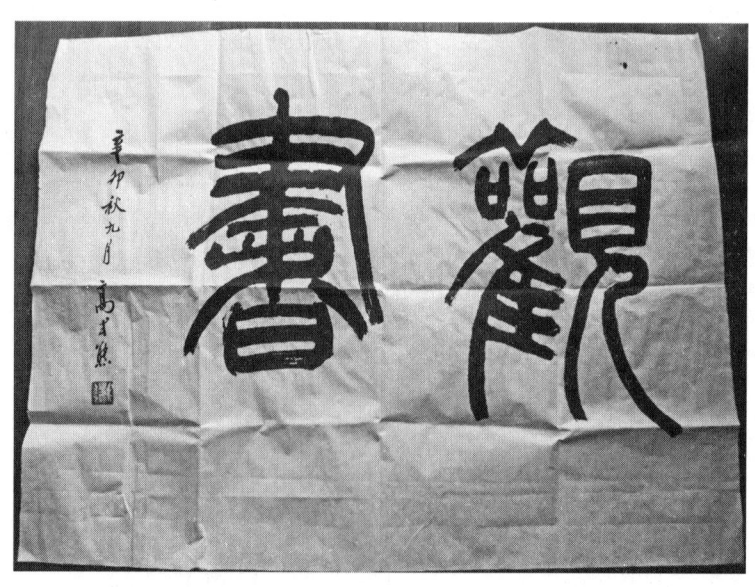

黄一知请高式熊为北大国际数学中心题词

刻，蔡锡瑶的儿女请他刻，他都欣然答应。他们得了章，爱不释手，不停地道谢。他摆摆手说："谢啥？你们要我刻，是看得起我啊！"

少年成名的书法家黄聿丰，本职工作是教师，被红卫兵关押放出来后，就请长病假待在家里了。那个时候，从前出版的字帖都被"破四旧"禁掉了，全中国的书法爱好者练字竟找不到一本合适的字帖。黄聿丰给东方红书画社写了一封信，表示自己有兴趣为推广中国书法做些事情，比如出一本高质量但又不跟当时极端的政治气氛相抵触的字帖。出版社的负责人之一周志高为此登门拜访。反复商讨、斟酌之后，决定编一本集王羲之圣教序的行书、以京剧《智取威虎山》唱段为内容的字帖。

当时画画、出书，都是既不能署名，又没有稿费的，但这并不影响书法家黄聿丰的倾情投入。《智取威虎山》字帖出版，对全国各地数量庞大的书法爱好者群体来说，无异于"久旱逢甘霖"！字帖一版再版，不断被一抢而空，印了几百万册。许多当年的中小学生都用过这本字帖。

办一本书法杂志的想法，最早也是黄聿丰提出来的。在和黄简、周志高等艺友碰面时，他说："上海索性办一本书法杂志，全国都没有的！"周志高听了，当即夸道："好主意！"1977年，就办起了面向广大书法爱好者、以中等水平为主兼顾初学和专家两头的双月刊《书法》，这是中国第一本书法专业杂志。

稍晚，黄简、高式熊先后被借调到《书法》杂志社，借着借着索性"归队"——调进去当了编辑。这是后话。

回首当年，有一幕蔡锡瑶印象最深：一天，她在三楼房间里听到高先生又来了，但等了好久不见人影，遂跑下去看个究竟。原来，高先生手里拎了一只活鸡来，走到一半，鸡挣脱了。高先生正与鸡周旋着，一抬头看见她，乐呵呵地诉说："我摘帽了，开心得不得了！高师母让我拿只鸡来给你们吃吃！"

从二工大退休的蔡锡瑶，现在整理公公遗存的书稿、书信，遇到很多古体字、异体字不认识，少不了要跑去请教高式熊。她曾经眼看着四明村高家的书房兼卧室被书和资料（不少属于文物）挤得容不下人了；亭子间里的沙发、茶几上堆起书和资料，越堆越高，人也走不进了；后来买下的后楼一小间，又眼看着里面的写字台照样堆起书和资料，越堆越高，人又走不进了。是那满坑满谷的书和资料，衬托起高式熊的阅历和学问吧。"在上海，只有高先生学问深，再怪异的字问上去，他都能脱口而出。"她说，郑逸梅先生在世时，也是这方面的内行，可惜郑先生已经去世多年了。

提起艺文掌故专家郑逸梅，他与黄家的关系，从1949年以前就开始了。他自家数十年的积累在"文革"中被抄，装了整整七车。"文革"后期，他频繁出入黄家，与黄聿丰聊天之余，每星期都借走一批青山农在民国时期与文化界、政界人士的通信，下次来把书信交还时，外面简单而又工整地写着这些书信的作者和简介，再借走另一批。青山农的书信，很多都经他看过。

黄家的人，至今还觉得自家在"文革"中幸免于难确实很幸运。因为在这条弄堂里，除了黄家，几乎每家都被抄过了。而这条弄堂里的房子，原本都是两层楼的，只有黄家加了一层，因为当年有地下党亲戚夫妻要借重艺术家青山农的掩护，以便于开展活动，地下党支部出资加盖了三楼的房子。所以，黄家的三楼鹤立鸡群，在三楼房间里说话，邻居是听不到的。"文革"中，虹口区一批"牛鬼蛇神"（注1）中学校长组织起来，也喜欢在这里聚会。（注2）

黄葆戉在1968年7月病逝。1997年8月，其骨灰才得以安葬于上海福寿园。他的墓志铭，由郑逸梅撰文、高式熊书写、吴天祥镌刻。

东方红书画社

东方红书画社这个名字，明显带有时代特征。高式熊几乎见证了它的前世今生——

"三十年前的上海，一个有月亮的晚上。我们也许没赶上看到三十年前的月亮。年轻人想着三十年前的月亮该是铜钱大的一个红黄湿晕，像朵云轩信笺上落了一滴泪珠……"这是张爱玲写于1943年的小说《金锁记》的开头，现在成了名句。

"朵云轩信笺上落了一滴泪珠"这一意象中，最美的是"朵云轩"三个字。

朵云轩在上海，是创建于1900年的一家文房四宝店。当年，张爱玲曾在那里定做过信笺。上海的朵云轩与北京的荣宝斋，一南一北，有着深厚的传统文化积淀，在中国艺术品市场中举足轻重。朵云轩以中国书画及与其相关的宣纸、湖笔、徽墨、歙砚等文房用品的经营和巧夺天工的木版水印复制艺术著称。

1960年，由上海人民美术出版社的木刻水印室和荣宝斋上海分店等十数家书画老店合并，并从北京荣宝斋调来若干专业人员，成立了具有民族文化传统特色的书

注1：1966年6月1日，《人民日报》发表社论，号召群众起来"横扫一切牛鬼蛇神"。同日，经毛泽东批准，新华社播发北京大学聂元梓等7人（经康生授意）写的诬陷攻击北京大学党委和北京市委的一张大字报，向全国广播。从此"文化大革命"席卷全国。

牛鬼蛇神，原是佛教用语，说的是阴间鬼卒、神人等，后成为固定成语，比喻邪恶丑陋之物。在"文化大革命"中，牛鬼蛇神成了所有被打倒、"横扫"的无辜受害者的统称。

注2：2007年，上海市文物管理委员会和静安区政府开辟"静安名人名居文化游"，其中的A线是上海第一条名人名居文化游线路——以新闸路为轴线，有"阮玲玉香留沁园村""刘晦之情系藏书楼""康有为上海归隐处"和"黄葆戉墨润慈孝邨"四个景点。慈孝邨弄堂口，安上了"黄葆戉旧居"铜牌，附黄葆戉简介；弄堂口右侧的绿化丛中，立了三块碑，介绍黄葆戉故居和黄葆戉艺术。

张爱玲的朵云轩信笺

画出版和书画经营的专业出版单位——上海书画出版社，又名朵云轩。或者更确切地说，朵云轩的编辑部就是上海书画出版社。

朵云轩在艺坛有"江南艺苑""书画之家"的美誉。传说中，很久很久以前，朵云轩老店主与倪墨耕、王一亭、赵子云等海上名家都是至交，谈论艺事之余，还常一起吟诗作画、拍曲弹唱。1920年代，张大千初到上海，能拜在曾熙门下学习书艺，还是朵云轩牵线搭桥的。1960年代初，在朵云轩宽敞幽静的营业大厅正中，摆着红木台子和椅子，书画家是这里的座上客。林风眠与资深营业员促膝交谈、翁闿运为读者讲授书艺的场景，不足为奇。

朵云轩的一大主业，是中国原作字画的征集、收藏与经营。1960年重建以来，它从民间征集的书画文物数以万计，提供给文博单位的珍贵藏品也有数百件之众。

有一次，中国历史博物馆南下觅宝，在朵云轩相中《宋拓王羲之圣教序》，这部名帖比民国徐世昌收藏的《墨皇本圣教序》更珍贵，成为该馆十件镇馆藏品之一。这部名帖是怎样重生的呢？张家花园的一位居民请朵云轩派员上门征集，朵云轩鉴定员翻检其前人留下的一大堆旧碑帖，从纸堆里掉下两张残片，鉴定员捡起一看，即断定为宋代拓片，遂发动这家人翻箱倒柜，经过几天搜寻，终于从尘封的壁角里抢救出这部稀世名帖。

此外，朵云轩自身收藏宏富。1980年代中期，由谢稚柳先生任组长，徐邦达、杨仁恺、刘九庵等组成的专家组全面鉴定朵云轩藏品，给予高度评价。

"文化大革命"期间，"朵云轩"的店招被"东方红书画社"覆盖。1972年，又改名为"上海书画社"。1978年1月,恢复原建制,并改回原名,同时保留兼用"朵云轩"原名。

改名为"上海书画社"次年,高式熊就与出版社发生关系了。这是自然而然的,他是篆刻家、书法家嘛。

1973年,东方红书画社组织了高式熊与方去疾、单晓天、叶璐渊、潘德熙、韩天衡、童衍方、刘一闻和顾振乐等十余位篆刻家,选刻毛泽东诗词和"样板戏"台词。

篆刻家们以简化字入印,集体创作、出版《新印谱》。那时候,图书出得很少,印谱更是极少出版,《新印谱》甫一面世,书法篆刻爱好者奔走相告、求之若渴。两年里出了好几辑的《新印谱》,影响从上海波及全国,给传统的篆刻艺术带来了复苏的希望。

1978年,高式熊58岁,就在这"过两年就是退休年龄"的当口,版画家陈柯田推荐他到上海书画出版社,担任《书法》杂志篆刻编辑,协助方去疾掌管篆刻方面的稿子。

衡山路237号是一幢1950年代建造的四层水泥建筑,兼作"朵云轩"的工房和编辑部。编辑部在二楼的两间,编辑部主任余白墅管木版水印兼书法绘画书籍的出版,周志高是书法编辑,方去疾是篆刻编辑。

据《书法》杂志的创办人之一赵坚回忆:周志高拿了一本已出版的《书法》试刊给他看,说两个封面是郭沫若题写的,"我不由心起敬意。可是翻翻内容,尽是随着政治风波而起的作品,因是'四人帮'垮台前后出的,也难怪!"不久新闻出版局来通知,这本刊物停止外售、查封。

据余白墅回忆:当时的社长吉少甫与郭沫若有亲,故郭老来上海,他被叫去奉陪,有机会请郭沫若题写刊名。

刊物被查封后,赵坚认为,虽然试刊内容有误,但刊物还是可以办的。他与周志高商量重新起草报告,得到社长周蔚云的支持。经新闻出版局批准,十六开本的双月刊《书法》杂志出版,由赵坚任主编,周志高任责任编辑。又陆陆续续调进黄简、王宇仁、吴崇文、高式熊、潘德熙、方传鑫、吴建贤、刘小晴等,一时间人才济济。还有一位英年早逝的同仁叫陆心龙,现在已很少有人记得了。

在外人看起来,高式熊在书法篆刻上名气不小了,还在工厂里当工人总说不过去;进入《书法》编辑部,算是归队了,应该为此感到高兴才对。

高式熊起初也对新工作满怀憧憬,上岗后才发现自己受不了——各种各样的关系通过来,要求刊登稿子。他认真地对待每一件稿子,有缺点就指出来,希望作者修改;可是,作者懒得改,有的对他说:"依帮忙改改好拉倒咪!"还有人让他推荐稿子刊登,他认为不够格,非常反感……

"就这样,每天看完所有的来稿,混混日脚,混了两年就退休了!"

比较前后两种工作环境,他还是喜欢工厂,"工人做事认真,讲话直爽,讲实话;社会上讲虚话,无聊的吹捧,争名夺利……"他把出版社视作"社会上"。

在"社会上",有人讽刺他顽固不化、守旧,只会捧老古董,没出息;同样也有人夸他路子正、功底扎实,所以越做越好。

不过,现在回想书画社那两年,也不是没有一点值得骄傲的情节。

1979年,《书法》杂志举办群众性书法比赛,应征稿件雪片一样飞入编辑部,落款"苏局仙"的稿子——临《兰亭序》令编辑高式熊眼睛一亮,"这是件特别的东西!"待谢稚柳等全国评委聚在一起看,也纷纷叫好,就给评了个一等奖。苏局仙还是"末代秀才"呢,一辈子默默无闻,直到98岁上得此大奖,一时间门庭若市,周浦牛桥通往苏家的路也被修好了,书协会员、文史馆馆员的头衔都给了他,正在拍摄纪录片《话说长江》的日本摄影团队也闻讯赶去拍了三天。近百岁的新晋名人吃不消了,需要有关方面帮忙控制登门拜访的人数……人们把这一切归功于沙里淘金的编辑,与苏局仙素不相识的高式熊却说:"做事不好为个人的,我是凭作品,发现人才就要公之于大众。"

进书画社没多久,高式熊就由周志高带去见了宋日昌。从上海市副市长任上退下来没多久的宋日昌,当时的职务是上海市政协副主席,业余爱好写写字,所以拜

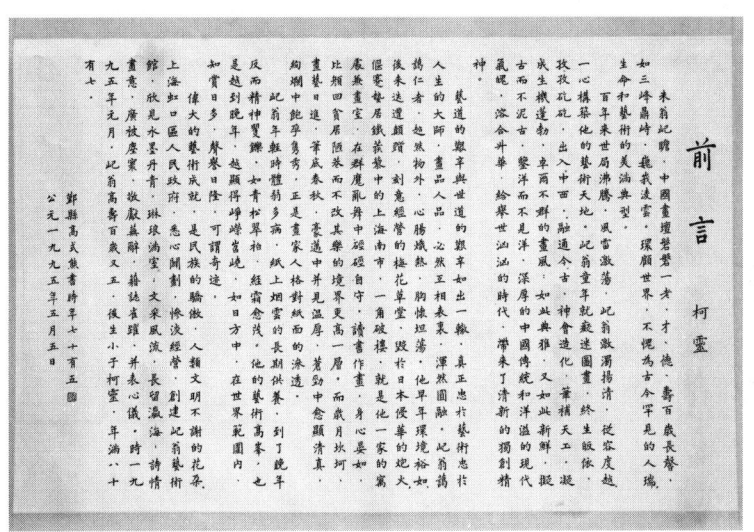

高式熊书朱屺瞻艺术馆前言(柯灵撰)

他为师。从此，他就经常被接去指导这位老来学吹打的学生。"给我的字提提意见吧！"这是学生挂在嘴边的一句话。有时候，一大早就是一通兴奋的电话，"我照你讲的用笔，试过了，写得汗都出来了！"后来，请宋日昌写字的人多了，他早上写，高式熊就在边上看着，及时给予指点。"你讲得有道理啊，我用上去了，的确好的确好！"老师分享着学生的喜悦，师生俩交往了三四年，直到宋日昌去世。

　　王讯漠，现在是空军某部副司令员、少将，中国书协会员。当年，他想学篆书，书法家刘小晴给他指路："学篆书嘛，问高式熊好了！"高式熊看他喜欢写，就手把手地教。王讯漠要临老师的篆书，老师摆摆手，"我的篆书太推板，侬要去读《说文解字》，临汉碑。"

第七章

60 岁开始的精彩

在日本，访者问高式熊能否当场刻章示范。他说，好啊，我们交流，你先刻一方。访者刻了一方，他一看，差远了。他对展览会上的某一方章有意见，便刻了那两个字，指出那章的缺点。访者看懂了，向他要了这方章回去学习。试印泥时，对方用的纸不对，他拿出好的纸，一比较就知道了。

这一次采访，对高式熊来说真是绝无仅有，"那是真正的艺术探讨啊！"

1981年，高式熊满60岁，准时退休。那一年，有两件事值得一记：

其一，上海人民美术出版社出版了《六体书唐诗二十首》，高式熊分工书写其中"简体"部分。（次年，上海书画出版社出版《六体书唐诗二十二首》，高式熊还是分工书写其中"简体"部分。）

其二，高式熊一行三人，骑自行车离开上海，在外面足足野了两个月。

旅伴是上海书画出版社的同事：一位是总编辑、版画家黎鲁；另一位是编辑、画家林野。9月1日，三人骑自行车从上海出发，历经浙江、安徽、江西、福建，10月底到达福州，一路采风，然后把自行车托运回家，三人乘火车在11月1日返抵上海。

三个穷艺术家，出发前就预备去吃苦的：穿着汗衫、短裤，没日没夜地骑车，风里来雨里去；晚上在河里洗衣服，第二天一早出发，没来得及晾干的衣服用竹竿挂在自行车龙头上，活像三人小分队的旗帜；住的最便宜的旅舍，连门都没有……"一路上，人家看到三个瘪三，笑话阿拉，哪能有介戆的人！"

那年月，在一般人眼里，60岁已经是很老的老头了，没几个老人有那么疯狂的。但对于他们仨，两个月的苦行僧日子，开启了60岁以后的精彩，成为后半生最甘美的怀旧元素。

与高式熊同龄的离休干部黎鲁，那次出游尝到了甜头，后来又一次次单骑出行，游踪跨越 41 个省次、450 多个县次，还出版了游记《八山十七水》《速写 15 省——黎鲁单骑千里写生记》和《黎鲁：自行车速写上海》等。

红葵花馆

高式熊的斋名，叫"红葵花馆"。

退休前夕起的斋名，何以看着与书画金石全无关系？

还得追溯到 1950 年初春。一日，高式熊去好友陈巨来家玩，看见陈宅庭前有一种状如牵牛、朵似扶桑的花开得正艳，清香四溢，好生羡慕，心想要是自家也能种上这么美丽的花就好了。这么美丽的花，名字叫做"红葵花"，据说是向日葵的一个变种。陈巨来眼见高式熊羡慕的神情，颇为得意，指着院子里的鲜花，压低声音、故作神秘地说："这红葵花……很名贵啊，花种是从清廷遗老家里辗转而来的。"

原来，当年清廷太子少保、北洋大臣陈夔龙对名贵花卉情有独钟，在沪上当寓公时栽植红葵花观赏。消息传出，引得很多朋友登门求索。陈巨来的亲戚徐老太爷先得了陈家的红葵花籽，又传给了陈巨来。

高式熊本来就喜欢养花，听了这段典故愈发羡慕，但又不好意思开口讨花。陈巨来看出了他的心思，却不舍得送花，只拿出几粒不起眼的种子送他。

要知道，陈巨来因知红葵花名贵，从不轻易送人，这次送种子给高式熊已经算是破例了。

高式熊得了花籽，回家当宝贝一样精心培育。第二年 7 月，红葵花就开放了。在熹微的晨光里，红葵花枝干挺拔，风姿绰约，每一株都开出了几十朵大而艳丽的大红色花，每一朵花有五瓣……他这个花匠，欣喜地数着花朵、花瓣。

陈巨来到高式熊家玩，发现高家天井里的红葵花花朵有大碗那般大，比自家种的大得多，顿时心中不平衡起来：花可是同一个品种呀，怎么后来者反而居上了呢？是自己的花艺不如人，还是人家的土壤更肥沃呢？陈巨来懊丧的样子，高式熊看了暗自发笑，一辈子都忘不了。

红葵花在高家扎下了根，高式熊年年勤播种，小小的天井里所有的花盆都种满了，书斋里还有盆栽的——名副其实的"满堂红"。红葵花每天清晨开放，到中午渐次萎顿，日复一日，给高家带来无限生机。

高振霄睹花如见恩师，抚今追昔，不禁感慨万千，诗兴大发，遂以"红葵花"为题，借花抒怀，吟咏晚境安适美好，几年间赋诗数十首。

高家红葵花盛开，也吸引了艺坛同道。曾创办常熟美术学会、《太平洋画报》的水彩画教授李咏森，来到高家天井，对着红葵花写生。1953 年，国画大师张大千的女弟子李秋君及其兄李祖韩登门赏花，画兴大发，兄妹俩挥毫泼墨，一写意一工笔，各画一幅红葵图手卷。红葵花手卷，被高式熊作为珍品收藏。

1980年某日，高式熊思念离世24年的父亲，把书斋定名为"红葵花馆"。

1997年春天，谢稚柳先生草书横幅"红葵花馆"四个大字。高式熊如获至宝，请人精裱、装红木镜框，挂在书房兼卧室的白壁上。时隔仅数月，88岁的谢稚柳驾鹤西去。这"红葵花馆"，大概算得上谢先生的绝笔了。

雪泥鸿爪境外行

走出国门，开眼界、交流艺术，都是退休以后的事情。

1984年四五月间，为庆祝上海—大阪建立友好城市10周年，高式熊参加由宋日昌带队的上海书法家代表团赴大阪访问及书法交流。代表团成员中，还有任政、赵冷月、张森等著名中国书法家。

那时，封闭数十年的中国刚刚打开国门，高式熊也是第一次出国。一周时间，感受最深的是东邻的礼貌，以及对中国传统文化的重视。

日本人对中国传统文化的重视，高式熊已领教过。此前，日本有个代表团到上海中国画院参观学习，提出要拍摄他创作全过程的录像。经请示画院领导同意后，日本人拿出精良的装备，从各个角度立体地拍摄起来，篆刻、拓印、拓边款……都拍了带回去。难道不担心他们把这些技艺偷了去？高式熊不担心，"偷？哪有这么容易？不花个十年工夫，依样画葫芦，弄出来的东西不会有风格的……"

1988年，高式熊应邀在日本大阪现代艺术中心举办个人篆刻书法展，并为大阪博物馆鉴定藏品；又应邀在日本阿培野举办个人篆刻书法展，并为日本京都泉屋博古馆鉴定馆藏文物及印章。那次的时间是一个月，在博物馆坐堂，与日本的专业人士交流比较多。有的日本人，中国话一句不会说，却笃笃定定坐在那里与他讨论图章，全靠一支笔、一张纸，一句来一句去，可以笔谈两个小时……"去日本作学术交流是一种考验。他们请教你，你如果回答不出来怎么办？实际上也是一个学术的较量。"他说。

在大阪，做五金生意的一位日本朋友请他去家里做客。进门一看，家中的书从地板上堆到天花板，满房间的中国书。主人指着中间的一块石板请教："这是什么？"他当即告知这是《汉石经》，并详细解释上面是什么文字什么内容。日本朋友听后非常高兴，第二天特地上门感谢，拜他为师。

还有一位日本朋友，拿来一只砚台请教。砚台背面刻着一图，周围有牌九模样的数字。当获知这是一个《易经》的卦图，可从《易经》资料中查阅到时，他很高兴，特地请高老师吃饭。

那次访日，带去了《式熊印稿》原拓本10本。这个原拓本，收集了高式熊各时期所治印章81方，封面由沙孟海题签，扉页由顾廷龙题字。印谱为线装本，一册，高26厘米、宽14.3厘米，版框蓝线，高15.2厘米、宽9厘米，书口有隶书"式熊印稿"字样。

1989年，上海书画出版社出版的《式熊印稿》，汇辑了高式熊自青少年时期以来的300余方力作，仍由沙孟海题签，序则由韩天衡作。

题为"谦恭育晚生　宝刀铸清峻"的韩序，对高式熊评价相当之高，视之为"现代印坛上一位重要的篆刻家、印学家"。韩天衡认为，"在治印方面，高先生的取法和格调都是很高的。"《篆刻存景》"所作追秦抚汉，仪态雍容绰约，而一以清峻的风神出之"，"彼时赵叔孺、王福庵皆一代篆刻大家，各自有独到的高艺绝技，而高先生的英年力作，就自然而言似可与赵叔孺比美，就劲挺来看似又可与王福庵竞技。"而《西泠印社同人印传》印谱四册"所作益显英迈，出入秦汉宋元而不逾规矩，技法老到却神采楚楚，从篆刻艺术的角度，或是就其选择的印谱主题，从篆刻史学的角度而言，它都是区别于一般汇印成谱的那一时期的一部重要印谱，即此不可不记"。他还认为，"在印学方面，高先生的见识和修养同样是很高的。他对于历代印谱版本、印章流派均深有研究，慧眼独具。"《西泠印社同人印传》"钩陈揽玄，考证和揭示了许多被埋没的和鲜为人知的印学史料。史料是理论研究的基础，而整理史料又是乏名缺利的辛苦劳动。他认真地、默默地做了，而且做了许多年。其用心之苦，用力之勤，委直叫人肃然起敬"。

在这篇序言中，韩天衡还回忆了初识高式熊时的细节：那是1963年，由方介堪先生引荐，他到上海拜谒高式熊先生。"那一天他对我的习作看得非常仔细，还不吝其辞，居然点出了习作的许多'妙处'，甚至执意要索取我的印蜕，说是要留下来再看看。……他这种出于鼓励的过分褒奖，也正是敦促我加倍去勇猛精进的强劲动力之一。……据我所知，他对我如此，对别人也复如此。他心中关怀的不是个别人，而是整个印坛及其未来。"这种"建筑在扎实的艺术学养和实践之上的"的谦逊、平易，让韩天衡记了一辈子。

出国办展、讲座，数日本去得最多。1990年，应日本大阪现代艺术中心邀请，到大阪、京都、奈良、神户举行为期一个月的书法篆刻展和学术交流；1992年，应邀到日本北九洲、四国、鸟取等地举行书法篆刻展和学术交流；1993年，应邀到日本福冈举行书法篆刻展和学术交流。（1999年去过一次韩国，以杭州兰亭笔会会长名义，应邀参加韩国汉城艺术殿堂开幕式剪彩。）

在奈良开展览会时，日本著名书法家今井凌雪带了很多学生去参观。今井凌雪身兼日展评议员、日本书艺院常务理事、筑波大学教授、雪心会主宰等，很有礼貌，也很会做人，讲一口流利的中国话。他拿着高式熊的一本印谱，详细地给学生讲解里面的70多方印，并说："像这样的展览会，到日本来得太少了！"他向高式熊求刻一方印，自己跑去账台付费。画廊老板见今井凌雪莅临，感到很荣耀，又见他向高式熊求刻印，立即送上一方几万日元的图章石头。

高式熊还与日本篆刻家讨论刀法，当场示范刻了一方《山紫社》双刀白文，使日本朋友大开眼界。

日本去多了，就有人慕名前来拜师。

多年前的一天，上海市人民政府外事办公室找到高式熊，说日本朋友中村义惠在大阪看了您的作品，要来跟您学习书法。按规定，高式熊向上海市书法家协会、上海市政府外事办公室报了此事，获得批准后，才可以收这名学生。这已经比"文革"中好多了，那时家里有任何外国人、外地人来，都是要登记的。

中村义惠的丈夫在上海做纺织品生意，办公室就在上海第一幢涉外商务楼联谊大厦。他们的家，安在兴国宾馆的别墅里。夫妇俩摆了拜师酒，商定高老师每周上门一次，教授书法、篆刻。后来才知道，好学的中村义惠另外还请了老师教授中国画和古琴。为了学习中国艺术，她学会了听中国话。高式熊说，她是"专职学习"的家庭妇女。

高老师教书法、篆刻，讲究个来龙去脉，不光教学生知其然，还教知其所以然。他原原本本地讲述自己是如何学习一步步走到今天的，他让学生一定要寻根，要多看最好的东西……

中村进步很快，学了三年，回日本后也当上了老师，收了几十名学生。她带一批批学生来中国游学，还不忘拜访"太老师"高式熊。

2010年5月，再次去日本，是为了印泥——前往东京大东文化大学参加"鹤泉印泥"的首次推介会。主讲者有三位：李耘萍、高式熊、丁如霞。

李耘萍乃是西泠印社老职工、"吴氏印泥"第三代传人。高式熊几十年来用的印泥，都出自她手。她做的"式熊印泥"，参照"鲁庵印泥"配方（她说"死人不做做活人"），虽不及"鲁庵印泥"，但比别的印泥质量高，外销日本受欢迎已有10年。在日本，她负责讲上海西泠制作印泥的过程；高式熊发表"篆刻与印泥的关系——篆刻真髓"的演讲，并作现场示范；丁仁孙女、吴隐外孙女丁如霞，则讲家史。

那里居然已有一个做冒牌"式熊印泥"的，此次也面见了，假冒货的西洋镜被当场拆穿。

2010年4月,高式熊在家中刻印

高式熊讲完了，从主席台上走下去，走到一个大台子前，近距离答疑。日本人生性仔细，问题特别多，打破沙锅问到底。答疑的时候，鼓励学生自己动手实验，有的人打印泥打得满头大汗。

在大阪、东京参观篆刻展，高式熊接受了一家日本杂志的采访。没想到的是，杂志社特约了会篆刻的人上门做这个专访。

第一个问题是礼节性的：您对大阪、东京篆刻展印象如何？他的回答，一上来也是礼节性的，讲着讲着就一针见血起来：日本篆刻爱好者比上海多，对篆刻这么重视、普及，我非常钦佩。日本人对老师很尊敬，绝对听老师的话，但最大的缺点是门户之见太深，学生拜了一个老师就不能再拜另一个，不然要被第一个老师开除。因此，所谓篆刻作品展，好像就是为了展览各自的师承，跳不出老师的窠臼，没有新意，没有长进。我们要眼光放远，广取博收……

访者问，高先生能否示范一下？他说，好啊，我们交流，你先刻一方。访者刻了一方，他一看，差远了。他对展览会上的某一方章有意见，便刻了那两个字，指出那章的缺点。访者看懂了，向他要了这方章回去学习。试印泥时，对方用的纸不对，他拿出好的纸，一比较就知道了。

这一次采访，对高式熊来说真是绝无仅有，"那是真正的艺术探讨啊！"

2004年，高式熊应潘德型之邀，到新加坡开个人书法展。展览由新加坡昌泰画廊、松竹亭及东方艺术有限公司联合主办，在新加坡中华总商会展览厅展出，开幕式由南洋艺术学院院长朱添寿主持，展出日期从11月6日至15日。说是书法展，其实60件近作中，除了行书、隶书、小篆以及石鼓文等书法外，还有历年的篆刻作品。

此行，有两件事留下印象：一当然是与展览相关的，他带去的所有作品被一抢而空；二是顺道去过一家饭店，是周颖南先生开的，看见店堂里挂着不少张大千、谢稚柳的画。

2006年，应美国炎黄墨缘书画会蔡立群之邀，高式熊随上海中国画院代表团赴美国洛杉矶，参与华人书画展。到了洛杉矶，高式熊与在那里教书的蔡立群联袂"写茶壶"。写茶壶，就是在茶壶上创作书法作品。他们写了八把李白诗意图壶。

在洛杉矶，待了一个月。世外桃源般的一个月，与好多中国书法家交谈、研究，纯粹沉浸在艺术中，真是难忘啊！

参加了华人书画会的展览，接受了洛杉矶地区领导颁的奖之后，高式熊被接到山上，住进当地肖姓台湾夫妇的别墅。肖家很守旧——中国的传统文化被保护得好好的——肖先生习书法（隶书），肖太太画画。因为经济条件比较好，他们得以逃离喧嚣的世界，双双搬到山上隐居。这下可好，来了一位真正的名头大的中国书法家，夫妇俩得以抓紧机会讨教。每天晚上，他们都要与高式熊切磋书画到深夜。这样神仙般的日子，过了一个礼拜。

高式熊又被一位叫陈云峰的中国朋友接到自家别墅，隐居了三个礼拜。说隐居，一点都不夸张的。陈宅特别大，书房也大。陈太太是老外，家里只有一对双胞胎孩子。每天早饭后，高式熊都要到花园门口抽根烟，别说大房子外、游泳池里看不到人影，连别墅花园外面的路上也不见人烟。在偌大的安静中，高式熊写字、刻章，与主人聊天，甚至画起了中国画。

他临了南宋扬无咎的《四梅图》。用拷贝纸勾线，画在大册页上，四幅册页连成一个手卷。陈云峰如获至宝，收藏了。然后，高式熊又为肖家临了一套。

书法家高式熊的画，可是稀罕物。后来，他又偶尔画过，静安区、太仓各收了一幅。他还画过扇面，那就更稀罕了，朋友们纷纷索要。

上海冠龙照相器材公司的朋友来索画，他开玩笑说要用一只"海鸥牌"DF相机来换。对方笑问："侬哪能晓得我正好有一只海鸥DF？明朝就拿来换！"那个"海鸥牌"DF，价钱并不贵，换来换去倒增添了不少雅趣。

2011年，高式熊与宝岛台湾有缘。

3月，应台湾篆刻协会邀请，他去了台北、台中、高雄，每到一地，都做"两岸印泥文化与篆刻书画座谈"。

尽管手中掌握着"鲁庵印泥"的方子，高式熊却从不认为印泥的奥秘是私有的，而总是把自己摸索出来的经验奉献给同道及书画爱好者。比如，印泥如何经久耐用呢？他指点说，新买的印泥要先搅拌，用了一阵还需搅拌，时间长了应适当补充些艾绒、朱砂和油。这样一来，买印泥不必一买就是5两，买2两就足够了，用用再加，岂不是又好又省钱……

在台湾的交流，不是单向的，宾主双方都写几幅字，免得凭空讲不清楚。有发烧级的爱好者，从台北一路跟去台中、高雄。座谈活动的海报，做得很别致，可能就因为太别致，好好的贴在外面竟被偷走了。白天讲课，到了晚上，还有人追来交流、索字。

10月底，由上海文史资料研究会（筹）主办的"纪念辛亥百年上海名家书画展"在台北长流美术馆开幕。此前不久在沪展出引起广泛关注的180余件展品，包括戴敦邦先生创作的辛亥人物画100幅、上海多位著名书法家创作的"辛亥名人名言"书法作品40余幅、上海多位著名篆刻家创作的"辛亥名人名言"印章40余方，引起台湾文化界人士和各界参观者的浓厚兴趣。

高式熊与上海画家林曦明（左）、台湾书法家张光宾（中）相聚，
三人年龄相加超过 270 岁

2011 年秋，高式熊在台湾挥毫

92岁高龄的高式熊先生、87岁高龄的林曦明先生及徐云叔先生等上海书画家，与台湾97岁的书法家张光宾先生同场挥毫，激起读者阵阵掌声。台北诚品书店举办了上海纪念辛亥百年三种画册的新书发布会，闻讯而至的台湾读者坐满了会场。展览会开幕次日，举办了沪台两地文化艺术出版界人士座谈会，上海代表团高式熊、孙颙、祝君波等与台湾方面世界书局总裁阎初、台湾孔子学会会长孔维勤、文物学会陈筱君和熊宜敬先生等分别作主题发言。上海市台办副主任李雷鸣赞扬此次上海赴台展览等活动，是一件促进两岸文化交流的实事。

此行，还有一个意外的收获：在与上海、台湾同好的闲聊中，高式熊忽然想起家里珍藏着高太史与溥心畬先生的全部通信，有整整一箱呢，都是探讨艺术的，比如有说到韩熙载《夜宴图》中每一件裙子都是动的、以前照相中的眼神都是靠刮出来的。几时整理出来，出版面世，又是不可多得的一份艺术遗产。

宁波人

高式熊在上海生活、工作快90年了，但他的"上海闲话"骨子里还保存着宁波腔，有些字词的发音明显就是宁波话，让人一听就知道这个"老上海"的籍贯是宁波。

邓小平先生有言："宁波有两个优势，一是宁波港，二是宁波帮。"还说："把全世界的宁波帮都动员起来建设宁波。"是的，"宁波帮，帮宁波"，宁波人的故乡情结特别重。上海、香港等地都有宁波同乡会一类的民间组织，各种活动频繁。宁波有什么事需要相帮，在外出息了的宁波人都义不容辞。

1990年代的一天，谢稚柳先生的小儿子谢定琦登门，请高式熊去宁波鉴定一方印章。据说有几个收藏界朋友为这方章的真伪争得不可开交，甚至打起了赌。高式熊一行到了宁波，下榻某宾馆，没想到宁波市副市长徐杏先已特地恭候在那里了。

谢定琦介绍高老与徐市长认识。从此，"老宁波"续上了与家乡的缘，在沪甬线上留下频频往来的足迹。

短短几年，宁波的篆刻创作从落后、默默无闻，一跃成为浙江省的重点，乃至在全国印坛拥有一席之地，全赖高式熊的悉心培育之功。

1989年9月，宁波举办首届文化艺术节。同为宁波籍的高式熊、邵洛羊、周慧珺三位书画名家应邀回乡，联袂办展。展出于宁波钱业会馆的百余件书画，使当地书画爱好者大开眼界。

就在那次书画展期间，几个久仰高式熊大名的宁波青年篆刻爱好者，带着习作，去叩高老下榻的华侨饭店房门。高老当即一一看过年轻人的习作，不嫌其烦地指点起来……临别，他许诺："这次时间太仓促，以后一定抽空专程面授。"他想着自己是宁波人，为家乡提高书法篆刻艺术略尽绵薄之力本来就是他的一大心愿。

家乡人那时还不了解高老的为人，以为这不过是场面上的应酬话，谁知次年盛夏，在去东瀛艺术交流前的闲暇，70岁的高式熊专程赴宁波，举办为期一周的"高式熊篆刻艺术培训班"。

天气实在太热，讲课被安排在每晚7点到10点。由于当地报纸、广播事先都做了宣传，加上现场大门口挂了横幅，慕名前往听课的人挤满了大礼堂。可是，第一堂课，高式熊就通过听讲互动的效果觉察到，底下的听众来看热闹的多，真正爱好篆刻的极少。他找到文化局领导，提出不妨找些真正的爱好者，让他在大课之余手把手地教。

于是，有些年轻人带了石头、刻刀、笔墨，到宾馆，高老为他们上午、下午分别"开小灶"教授。培训班结束时，大家做梦都想不到，每位学员都得到了一幅老师挥汗书写的墨宝。

那次，高式熊还欣然答应担任了宁波青年印社的指导老师。

从此，家乡学印青年一有机会出差到上海或途经上海，总要登门探望高老，抓紧求教……

得到悉心指导的年轻人，想起韩天衡先生在《式熊印谱》序中写的一段话："在我所熟悉的印界前辈里，最没有前辈架势的要数高式熊先生了。他对晚辈总表里一致，一贯地谦逊、热诚、直率而平等。一位学识渊博的长者，具有了这样一种平易近人的性格，对于篆刻界，特别是对于初操铁笔的后生来说是何等的宝贵，何等的必要和重要。"

宁波的篆刻水平因而整体提高了一大步。1991年西泠印社第二届全国篆刻作品评展，宁波有两名作者获奖、多人作品入选。高式熊与他们在西子湖畔相聚，倍感欣慰。

1995年5月，为西泠印社第三届全国篆刻评展，他再次赴甬指导。7月，佳音又传——宁波五名作者在"西泠印社第三届篆刻作品评展"中获奖，九人作品入选，获奖和入选人数之多、作品之广为历年之最，成为宁波篆刻界的一次大面积丰收。

高式熊当书法奖评委，非但不屑像个别评委那样为学生能获奖而跟别的评委打招呼，对学生反而比对陌生人要求更严格。因为他看得多了，靠老师名头拿奖的学生，注定是走不远的。他自信，遇上他这样的严师，有潜力、求上进的学生怎么会出不来呢？

当年手把手教的包根满、张奕辰等，成长为中青年实力派篆刻家，加入了西泠印社，出了书。对于这些"没有拜过"却受过他点拨的学生，高式熊并不居功，"他们自己很卖力，所以就出来了。"可是后来，听说有人自以为是，不把功夫下在艺术上而搞不团结，他生气了，拍了台子，"这样下去，我不认所有的学生！"

因为篆刻，高式熊与家乡的联系越来越多。

2003年12月，"高式熊书毛泽东诗词书法展"在天一阁书画馆昼锦堂开展。高式熊以篆、隶、行、草、楷五种书体书写的67首毛泽东诗词，被誉为"古朴处如苍柏迎风，灵动时似飞龙翔天"。开幕式上，高式熊向鄞州区政府、天一阁等单位捐赠了父亲高振霄的书画作品11册（幅）和书法印本3本，以及自己的书法作品集。

2009年10月，宁波帮博物馆开馆前后，高式熊多次捐赠，包括父亲用过的文房四宝，清末宁波籍名画家、"海上画派"中坚人物陈允升的山水中堂名画《溪壑春姿》（高家祖传、高太史题跋）。日本友人佐藤房雄被此举感动，携自家收藏的高太史作品《墨梅诗》，专程从日本来，捐给宁波帮博物馆。

那位徐市长，后来成了市人大主任，再后来退而不休，又去宁波茶文化促进会当会长，推动当地文化事业加快发展。

有一年，徐会长请高式熊在宁波吃年夜饭。席间，提起宁波很想刻一部印谱，只是不知刻什么题材合适。爱喝茶的高式熊想起中国"茶圣"陆羽，便说："陆羽的《茶经》，从来没有人刻过……"徐会长一听，兴奋起来，拍板说："就刻《茶经》吧！"然后，对面前的篆刻家老友开玩笑说："今朝放侬回去过年，过了年再请侬来……"

4月的一天，宁波方面来人迎接，高式熊以为去去就回的，随身只带了称手的刻刀等创作工具。没承想到了那里，徐会长一把握住他的手说："来了就好，今朝就开始！"

宁波市文化局局长腾出的办公室，成了《茶经》印谱的创作室；徐会长精心备好了高老喜欢的茶和香烟；三名攻篆刻的年轻人，被派来当高老助手；有工作人员上街去为高老采购换洗衣服……

《茶经》印谱动刀之前，高式熊特地再次去瞻仰了天一阁。这个亚洲最古老的私人藏书楼，收藏了许多书画作品和古印谱，是他回宁波最爱去的地方。当代篆刻家高式熊，在与那些前辈篆刻家、那些古印谱无数次默默的对视中，传承缕缕文脉。

"茶圣"陆羽的《茶经》，是世界上最早的一部茶叶专著，全书分3卷10节，7000余字。高式熊带领助手们，从中精选了2000多字（为《茶经》主要句子，去掉了中间穿插的文字），准备把它们刻在45方印章上。

 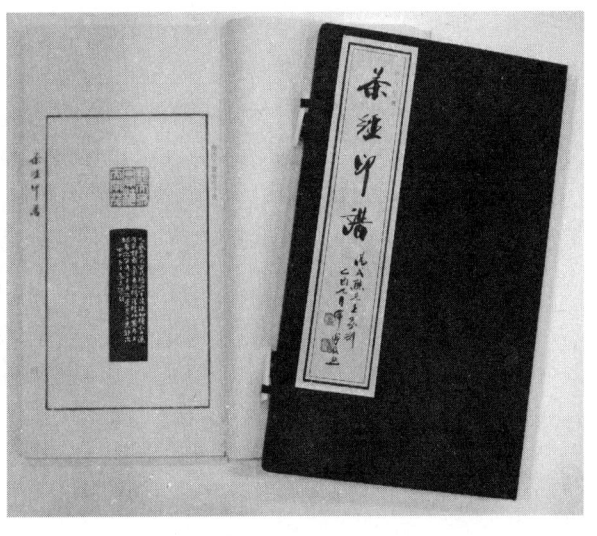

《茶经印谱》

接下去的三个星期，每天的作息安排是这样的：上午9点前到岗，高老设计每一方章的布局、写字，学生们磨平石头、履上字，高老修改、篆刻。除了上厕所、吃饭，都在埋头苦干。有时候没心思吃午饭，仅以一小块蛋糕打发了事。忙到下午五六点收工，晚饭后才是休息时间。

创作期间，宁波市委书记、市长闻讯到场观摩。从未刻过印谱的宁波，一刻就请到如此高级别的篆刻家，书记、市长都感动了，对徐会长道："老徐，侬做的这桩好事体，要做大！"

那是2005年春天，高老已经85岁高龄了。高强度连轴转的工作，使他始终处于创作的亢奋中。十几天下来，他病倒了，脸颊都肿了起来，一边打针一边继续刻印，终于按时完成工作计划。

拓印由宁波市书法家协会的领导、西泠印社社员蔡毅负责把关。他带人花了好几天时间打印谱。最后几方章，连夜拓好。高式熊回上海时，带回了一部原拓本。

《茶经》印谱刻竣，要请人作序。徐会长一早就想着请韩天衡先生，但又怕对方名气响、架子大而请不动。其时，坊间传说韩的印章润例，每字已达四五万元，鸟虫篆更高达八万十万。高式熊放下刻刀，不言不语，等着看这件事的发展。韩天衡展阅了原拓的手卷，说道："这篇序，只有我来写。"而且，写好了自己送上门去。

西泠印社副社长韩天衡序：

高式熊先生为当今最有影响的老一代印家，近日成《茶经印谱》一册，展卷惊叹无已。印谱史历千年，以先生八五高寿，作专题印谱者古来未之见也；先生尝于早岁刻有专题《西泠印社同人印传》，五十七载后力成是谱，跨度之大，古来未曾闻也；耄耋之年，眸明腕劲，毕二十日之功，一气呵成此佳谱，亦堪称古来所未曾有也。盛世胜事，这是一部创下若干记录的珍贵典籍，可庆可贺也。镌刻专题印谱极难，难在印人被动为之，印文铁定，顺序有自，挑拣不得，绕道不行，务必一一为之，且得变而化之，此中尤见印家能耐与功夫。赏读式熊先生此谱，首尾和谐如一，一印一风情，一印一神彩，一印一智慧，移步影换，美仑美奂。茶圣之《茶经》千余年来尚无入印先例，今式熊先生应宁波茶文化促进会之请，成此杰作，使两美合于一，必当传绪久远矣。故兴来赘述数语，志大欢喜、大钦佩也。

时在乙酉初二日晨起吾庐内鸟语花香匆匆草之工拙不计也　豆庐韩天衡

西泠印社另一位副社长兼秘书长陈振濂也欣然作序：

茶之为饮，发乎神农。唐陆羽著《茶经》言及吾甬所产为茶中上品，知古鄞本为茶都也。乡前辈高翁式熊为西泠印社名誉副社长，铁笔驰名海外，乃以八十五高龄毅然决然应邀为制《茶经印谱》，都四十五石，精心构冶，朱白相映，即边款亦近三千言，鸿篇巨制，足称甬上艺文渊薮。印谱既成，高翁持来命序，小子不敏何敢妄赞前辈风范。然深有感于吾甬大家如星光灿烂，高翁式熊为西泠印社中流砥柱，又以乡前辈时时诲示，获教甚多，今翁既有此宏业，不可不为表出之。海内诸公望勿以唐突视我则幸甚，仅以拙书芜辞为先生寿。

后学　陈振濂敬撰　乙酉新正月初三晨起

《茶经》印谱包括原拓本、原拓手卷及印刷本。原拓本、手卷在当年的宁波国际茶文化节上与印章一起展出，并被宁波市政府选为珍贵礼品赠送贵宾。印章则入藏宁波篆刻艺术馆。

此后，高式熊又主刻了《论语》选句印谱，并与十几位名家一起创作《千字文》印谱、《三字经》印谱及宁波名胜古迹印谱、《道德经》印谱等。

对自己能够在短时间内参与这些印谱的创作，高式熊感慨："一个地方可以出五部、六部印谱，说明只要有想做实事的领导重视，什么事情做不到？！"

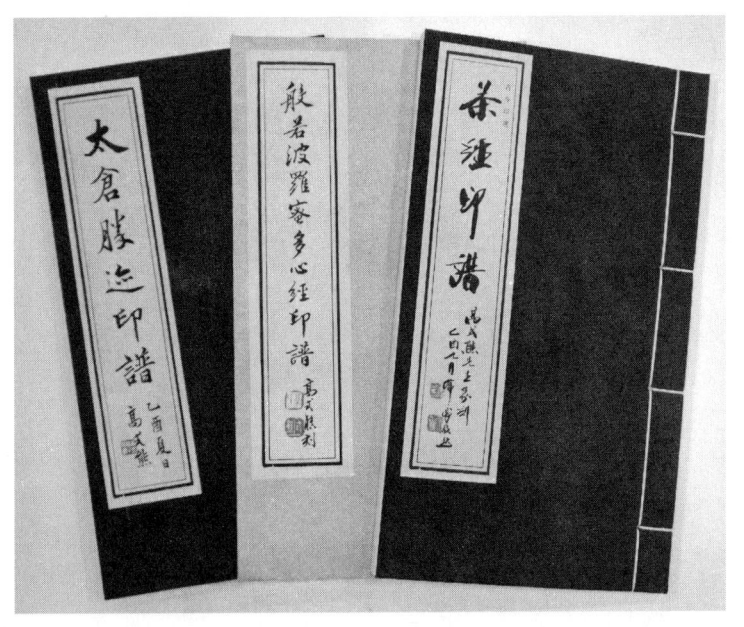

高式熊刻的多种印谱

徐会长说起这位十几年的老友,也颇为感慨:"我去上海拜访他,他家门口总是停着五六部轿车;他到宁波,也总是电话不断的。都是向他求墨宝的。他人谦和,老少无欺,已经达到了这么高的水平,还对艺术不满足,经常讲'活到老,学到老'……"

2012年5月,人们在宁波茶文化节开幕式的主席台上发现了高式熊笔挺的身影,他成了茶文化节当之无愧的顾问。

第八章

印坛佳话

  为钱镜塘拍藏品，因为常常有精品字画真迹可以一饱眼福，高式熊兴趣很高，有空就骑了自行车从四明村到茂名南路159弄钱府，有时一星期会去好几趟。

  一边观摩，一边随便说说话，有时也提些问题，高式熊跟陈巨来学到不少东西。他认为，现在的篆刻家学识、功力都不够，不可能刻得像陈巨来那样活、那样灵气十足。"他的元朱文，他老师都称近代第一，确实好！没有人能够刻过他！他的线条，起头的地方稍微粗一点，转弯的地方稍微细一点，风格活而不流。"

与钱镜塘家的缘分

  高式熊很早就认得钱镜塘了，因为钱有时到高家请高太史写字。但他只知道钱镜塘是有名气的书画收藏家，并不知道这是一位大收藏家。

  出生于1907年的钱镜塘，是浙江海宁硖石人。远祖为吴越王钱镠，祖父钱笠群、父亲钱鸿遇都当过清朝的小官。在这个殷实的儒学之家，他从小深受熏陶，学习书法、绘画、篆刻，爱好诗词、戏曲。

  20岁以后，钱镜塘到上海，开始收藏历代金石书画，在收藏中学习鉴别古代书画，积累了丰富的经验，成为沪上著名的书画鉴定收藏家，被誉为"今之项墨林、安仪周、庞莱臣"（项墨林、安仪周为明代大收藏家，庞莱臣为晚清、民国大收藏家）。钱镜塘与吴湖帆，分享"鉴定双璧"的美名。

  为了有足够的资金收藏名画，他也经营书画，即以适当的价格出让手中的部分书画，以画养画。日伪时期，他曾冒险买下不少宋元名画，包括范宽《雪山图》、董源《山水图》，清代王石谷《陈元龙竹屿垂钓图》，家里还藏着祖传的徐熙《雪竹图》等稀世之宝，使之免遭日寇劫掠。

张大千为钱镜塘作的画

1949年后，钱镜塘对所藏历代名家书画进行考证、鉴定、修复、装裱。

高式熊在西泠印社开会时与钱镜塘相遇，听说钱先生的藏品需要拍照。此前，是把藏品分批拿到河南中路附近的昭通路15号容新照相馆去拍摄的，价钱自然贵得不得了，而且珍贵文物拿进拿出很不方便，也不安全。那时候，高式熊正痴迷摄影，就自告奋勇"让我来拍"。两人虽然年龄差了14岁，但非常谈得来，于是就开始了合作。

因为常常有精品字画真迹可以一饱眼福，高式熊兴趣很高，有空就骑了自行车从四明村到茂名南路159弄钱府，有时一星期会去好几趟。拍藏品要求极高，用的是俗称"大片子"的反转片，3元多一卷，只能拍8张。钱镜塘的收藏，分成各种专题系列，如八大、石涛、任伯年等等，高式熊就一个一个分门别类拍过去……

这样拍摄了整整一年。有一天，他问："拍得差不多了哦？"钱先生笑道："才拍了一箱。我有一房间藏品呢！"尽管1960年代圈子里都在传"钱先生收的东西不得了，专门雇了人管的"，但亲耳听到这一箱与一房间的说法，他还是大大地吃了一惊。

于是接着拍。断断续续拍到"文革"来了，大部分还没拍完。

据钱镜塘之孙钱道明说，钱镜塘一生收藏过眼的书画有5万多件，先后将3900余件元、明、清书画立轴、手卷册页以及金石文物、地方文献等，分别捐献给上海博物馆、浙江省博物馆、南京博物院、广东省博物馆、西泠印社和嘉兴博物馆、海宁博物馆等。

刘海粟、高络园、朱孔阳三人曾合作《松竹梅图》，人称沪上"海陆（络）空

（孔）"三军。当年的杭州市文物局局长孙晓泉回忆，1950年代，他们曾动员上海的钱镜塘和"海陆空"捐献私人收藏的文物。

在上海博物馆，有钱镜塘亲笔书写的捐献目录"近百年绘画系统目录"。前言写道："余将二十年以来征集近百年来绘书画系统一百二十一家共一百六十四件捐赠于上海博物馆。捐赠人钱镜塘谨上。一九五八年七月八日。"百余件捐赠品中，最多的是任伯年、赵之谦、费丹旭、虚谷、吴昌硕等海上画家的代表作。1962年，又向上海博物馆捐赠一批书画。1979年，售让给上海文物商店明清书画67件，由文物商店价拨给上海博物馆。上海市文物保管委员会、浙江省文史馆，嘉兴、海宁文化部门都曾颁发奖状，表彰他对文化事业的贡献。

"文革"中，钱镜塘家也未能幸免被抄的厄运。但抄钱家，非同寻常，是上海博物馆、上海文物商店派人去抄的，动手之前对全部藏品制了目录清单，号称"保护性抄家"。抄了七天七夜，运走了整整16卡车。其时，还好钱镜塘本人已被关了起来，否则要是亲眼目睹耗费一生心血、财力的宝藏就这么被从自己家里搬空，不知会不会发疯！

待到浩劫结束，发还的抄家文物，只有十分之一。当年，大批量处理抄家书画发还时，原件找不到的，曾有两个变通办法：一是每件作价12元，二是在库房里现有的书画中随便挑差不多名头的书画家作品抵偿。每件12元，与钱家原件的价值相去太远，无法接受；以差不多名头的作品抵偿呢，库房里又净是大名头的赝品，要了有啥用。所以时至今日，钱家的珍藏还有1万多件，只剩清单，不见实物踪影。

钱镜塘出生在阴历六月里，正值荷花盛开季节，因此一辈子钟爱荷花。"镜塘藏荷"是他喜欢用的一枚收藏印（鉴藏印），陈巨来、吴朴堂、高式熊都为他刻过。

他的收藏印主要有两类：一类是一般收藏，如"镜塘审定""镜塘藏古""镜塘心赏""镜塘平生珍赏""海昌钱氏图书""海昌钱氏数青草堂珍藏金石书画印""己未秋日重归镜塘""数青草堂供养"等；另一类是专题收藏印，或以题材为重，或以人物为主，或以地域为特点，如"镜塘藏扇""镜塘藏荷""钱镜塘珍藏乡贤经籍印""海昌钱镜塘收藏明贤尺牍印""钱镜塘鉴定任伯年真迹之印""钱镜塘审定吴湖帆真迹"等。众多的印章，章法各异，作者多为1930年代至1960年代沪上知名篆刻家，如唐醉石、高络园、陈巨来、王个簃、谢磊明、钱君匋、高式熊等。最出名的收藏印，要数"钱镜塘审定任伯年真迹之印"和"钱镜塘审定吴湖帆真迹"。

这方"钱镜塘审定吴湖帆真迹"印，是为吴湖帆一张无款的卷子而专刻的。此卷藏在吴湖帆之友、女画家周炼霞那里。吴逝世后，周收拾旧箧，拣出此卷，请钱镜塘考证为何人所作。钱镜塘一眼认定是吴湖帆的未竟之作，但再也唤不回画家补

高式熊为钱镜塘治印

款了。"这也没关系，"他说，"我可以盖一个鉴定章。"遂请高式熊治"钱镜塘审定吴湖帆真迹"印，钤于这张手卷上。

高式熊为钱镜塘刻过20多方收藏印，可惜有些在"文革"抄家中散失了。"文革"结束后，钱镜塘又请高式熊补刻了几方。

钱镜塘之孙钱道明收藏了这些印章，并整理成原拓本《钱镜塘鉴藏印录》。由沙孟海题签，谢稚柳书扉，郑逸梅作前言，高式熊作跋。《钱镜塘鉴藏印录》收14家印坛俊彦之印，均有款识。其中，谢磊明1方，唐醉石2方，高络园1方，王个簃5方，陈巨来15方，钱君匋3方，邓大川2方，支慈庵2方，葛子谅14方，岂夫2方，高式熊14方，吴朴堂4方，刘一闻1方，徐云叔1方。

1978年，钱镜塘对最喜欢的孙儿钱道明说："侬总归要寻一个老师咯。"想来想去，高式熊人品好，高家与钱家又是世交，知根知底的，祖父便决定带孙儿去拜见高老师。

那是一个夏日，祖孙俩提着传统的拜师礼品——火腿、老酒和糕点，正儿八经上高家拜师。钱道明给高式熊磕了头，正式确立了师徒关系。从此，高式熊就把钱道明当儿子一样严格要求了。

面对求知若渴的年轻学生，57岁的高式熊是否记起了自家的严父？

钱道明现今是西泠印社拍卖有限公司上海办事处主任、海上书画名家后裔联谊会秘书长。他不会忘记，是高式熊手把手教他学篆刻。高老师说，刻图章，先要临汉印，要多看秦汉印谱。往往是磨好一块石头，由高老师篆好印稿，他拿回家刻，刻好拿来让高老师批。高老师相当严厉，毫不顾忌情面，当场指出这样刻不对，应

高式熊为钱镜塘刻"海昌钱氏图书""唐碑宋画之斋"等印

该怎样刻。

这位高老师,完全继承了乃师王福庵、赵叔孺的师风!

钱道明不会忘记,高老师说:"写字、刻字,不是用手,而要用心;不是从字面意思上去领会,而要从心里去领会。"

1990年,钱道明陪同高式熊访问日本。他带去了100套原拓本《钱镜塘鉴藏印录》,展览后,被一抢而空。

一晃30多年过去了,高式熊、钱道明这对师徒,可谓亦师亦友、教学相长。

钱道明向高式熊拜年

在钱道明眼里,学业之外的高老更见真性情。中秋节,客人提了月饼上门拜访,他看一眼客人递上的礼物,说:"迭只盒头蛮好咯,我好摆摆图章。"便置月饼于不顾,只要了月饼盒。饭桌上,问他要清淡的冬瓜汤还是原汁原味的鸡汤,他盯着鸡汤上的那层油眉开眼笑,"当然要鸡汤啰,油的好吃呀!"他抽着烟咳嗽起来,旁人劝他少抽点烟,他却歪理十八条:"咳嗽么,就要吃香烟呀,吃香烟化痰的,侬勿懂咯!"

元朱文大家陈巨来

高式熊与陈巨来交往也颇多。"陈巨来的优点,他所有的学生不能领会。"他自信一笑,"只有我讲得出来。"

说到陈巨来,先要追溯元朱文印。所谓元朱文印,其实萌发于宋代,到了元代,吾丘衍、赵孟頫大力倡导这种独特的印式。元代金石学家吾丘衍的《学古编》是最早研究印章艺术的专著,他本人被后世称为印学奠基人。赵孟頫是元代名画家、"楷书四大家"之一,对印章艺术思考颇深。赵孟頫遗留下来的篆书手迹,一洗唐宋以来九叠篆的"国朝官印"旧习,一反当时印章刻意追求形式主义的流弊,在元代士大夫文人中用"元朱文"格式成为一大趋势,且为后世篆刻家所效法。这种风格,因其形成于元代而被称为"元朱文",因其线条语汇和空间特征而被称为

"圆朱文"。后来，清代浙派篆刻的开山鼻祖丁敬又称其为"圜"。

丁敬乃是"西泠八家"之一。经过西泠诸子的熔铸陶冶，元朱文印的创作在20世纪初形成两座高峰：赵叔孺和王福庵。这二位，成为后世元朱文印篆刻者的祖宗。

赵叔孺收过60余个门生。同出"二弩精舍"门下的沙孟海、方介堪、陈巨来、叶潞渊，以各自独特的艺术风貌，与赵师同列为20世纪杰出的篆刻大家。陈巨来是其中的大弟子，与老师感情最好，成就也最高。

陈巨来在辛亥革命后移居上海，弱冠之年拜在赵叔孺门下。当时正值涵芬楼影印《十钟山房印举》行世，赵师指点他由此研习秦汉玺印，兼及赵之谦、黄士陵两家。在赵师家里，他认识了沪上大画家、收藏家吴湖帆。吴湖帆看了他的刻印，认为与明代篆刻家汪关的意趣相契，便把家藏珍本《宝印斋印式》12册借给他参考。他埋头研习了七个寒暑，由汪关直入两汉堂奥，又广泛搜集吴大澂、陈介祺、吴云、罗叔言、黄宾虹收藏的古玺印精品，双钩廓填，成《古印举式》两集。

专攻元朱文，是在见到葛书徵辑《元明清三代象牙犀角印存》之后，他从宋元明名迹收藏印中，追根溯源，研究元朱文的演变、发展，融会贯通，终成独步当代的大家。赵叔孺曾有题识曰："陈生巨来，篆书醇雅，刻印浑厚，元朱文为近代第一。"是陈巨来，把元朱文创作推向了极致。他的元朱文印，有"无直不刚，无曲不柔"之美誉。

书法篆刻家徐云叔这样评述陈巨来篆刻艺术的文化渊源："陈巨来先生对于传统文化有一种物我相融的喜好，更有透彻深刻的理解。他的作品之古雅即得益于此。没有传统文化的熏陶和濡养，就不可能有他的印风。这既是陈巨来先生成功之所在，也是元朱文精神之所在。当然，中国古典艺术都讲究文化的熏陶濡养之功，而元朱文对这一点的强调更为突出。从赵子昂到汪关、丁敬，再到赵叔孺、陈巨来，元朱文经历了七百多年的时光，如封存的陈酿，到了陈巨来手里才真正地闻到了扑鼻的窖香。没有长期文化熏陶的造就和心理素质的积淀，是做不到的。"

陈巨来平生治印超过3万钮。海内外名流叶恭绰、张大千、溥心畲、冯超然、张伯驹、汪精卫、袁克文、程十发、唐云、陈佩秋、吴湖帆等都曾请他治印，全国各大图书馆、博物馆也都有他的元朱鉴藏印。

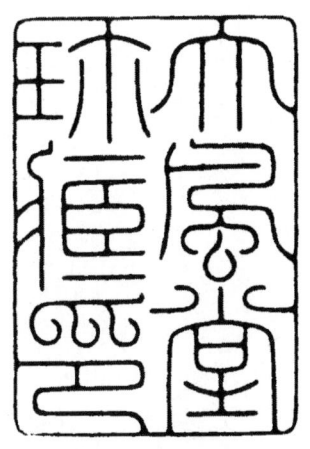

陈巨来为张大千刻元朱文"大风堂收藏印"

富民路21弄33号，高式熊熟门熟路，那是陈巨来的家。

陈巨来每天要睡到中午12点才起床，起床后第一桩大事就是吃鸦片。

高式熊经常在下午去陈家。进了陈家门，见陈巨来刚刚吃好鸦片，喝一口浓茶，点上一支香烟，踱到临窗的写字台前，坐下来刻图章。看他从起稿子开始，在白石头上刻好细细的白文，然后一点点修出来……

陈巨来从不直接打印泥，而是用右手无名指蘸着印泥，一点一点仔细抹到图章上。因为他刻细朱文，张鲁庵专门为他做了特殊的印泥，又薄又细、没有杂质。那该是上上好的"鲁庵印泥"吧。

"他的元朱文，他老师都称近代第一，确实好！没有人能够刻过他！"高式熊认为，现在的篆刻家学识、功力都不够，不可能刻得像陈巨来那样活、那样灵气十足。"他的线条，起头的地方稍微粗一点，转弯的地方稍微细一点，风格活而不流。"

在陈家，一边观摩，一边随便说说话，有时也提些问题，使得高式熊学到不少东西。

陈巨来刻过一方自用印"病草"，是指自己身体不好吧。就因为他身体不好，高式熊还代为刻过两方象牙章。

篆刻之余，陈巨来打形意拳强身。他去高家玩，夸海口说打拳发力把裤子打破了，还说"发空劲"发得陈太太手上出现一条红线几天才褪去。高式熊哪里肯相信，要求他当场发发力，看看有没有发出什么红线来，结果毫不见效。"他还说，有一次发脾气，把盛了一杯咖啡的杯子都震碎了。吹牛大王！"高式熊大笑着，仿佛这位篆刻高手兼吹牛大王就在面前。

陈巨来篆刻方面的著述：1948年，杨朋之辑《盍斋藏印》。1976年，台湾曾绍杰在香港出版《安持精舍印存》。1982年，陈氏亲自从历年作品中精选400余钮成《安持精舍印冣》，由上海人民美术出版社出版，一并收入他40多岁时撰写的"安持精舍印话"21则，以便读者参照作品阅读。此书选载的陈巨来印作中，"冯超然""梅景书屋秘笈"两钮，有论者称"有悲庵余韵，这种风格在他的存

《安持人物琐忆》

世之作中已为数较少"。他为吴湖帆刻了约 80 方印，又多又精，"吴湖帆潘静淑珍藏印"两钮，"朱文圆润清丽，转折柔而不弱，几处斜笔的呼应增添了全局的生动之致。白文取法汉铸，在篆法的方圆处理及留红、并笔、穿插方面都堪称杰构"。还有一方"中山杨氏盍斋珍藏金石书画"，被认为是其元朱收藏印的代表作，"字字妥帖，线条约整而不失笔意，印文与印边的连接也极为相宜，在各字的转折处恰到好处地把握住此印圆中寓方的风格"。其他多印，也各具情趣。

在印艺以外，陈巨来的文字风采也非常了得。1999 年在《万象》杂志上连载、2011 年初出版的《安持人物琐忆》一书，可以为证。此书以轻松幽默的笔调，回忆、漫记彼时圈中名公巨卿，多处提到高式熊。不过，也有一些知情者坦言，此书中戏说的成分过多，后人万不可当史料读。

吴昌硕"大吉羊"风波

高、吴两家是三代世交。

高式熊的父亲高太史学问好、书法好，在上海书画圈是有名的。因此，高太史与西泠印社首任社长吴昌硕相稔，也是自然而然的了。

高式熊幼时，常在家里见到吴昌硕。但 1947 年高式熊加入西泠印社时，吴昌硕已仙逝 20 年。所以，他俩在西泠并无交集。

吴昌硕长孙吴长邺与高式熊年龄相仿，又同为西泠印社社员、上海市文史馆馆员，两人关系相当好。吴长邺之子吴超曾听祖父吴东迈夸高式熊，说他年轻时就出名了，1960 年代登吴家门时已经相当出名了。

高老与吴家小辈保持着密切的联系，"文革"结束后，特别是他退休后，接触更多，关系更亲了。小辈们和高老开起玩笑来，没大没小的。高老写字送给吴超，上款会写"阿超大哥"。1980 年代初，"阿超大哥"大婚，高老还兴冲冲赶去吃喜酒。吴家小辈遇事，也喜欢寻高老商量。

1997 年 4 月，上海惊现号称"天下第一章"的假冒吴昌硕大师"大吉羊"印章！

做字画生意的杜某声称，自己手里有一方"大吉羊"。他致信西泠印社社员及上海的篆刻家，广泛告知此事。高式熊当然也收到了信。

上海某日报刊登了杜某撰写的大块介绍文章及印章、边款；晚报则预告"五一"节将在不夜城出售加盖此印章的拓片，标价 1500 元一张。

看过装裱中的"大吉羊"拓片，吴超发现杜某根本不懂印章，那个章一看就是没有功力的人刻的，硬伤不少，如边款中把"上巳日"误作"上巳月"；而那张大

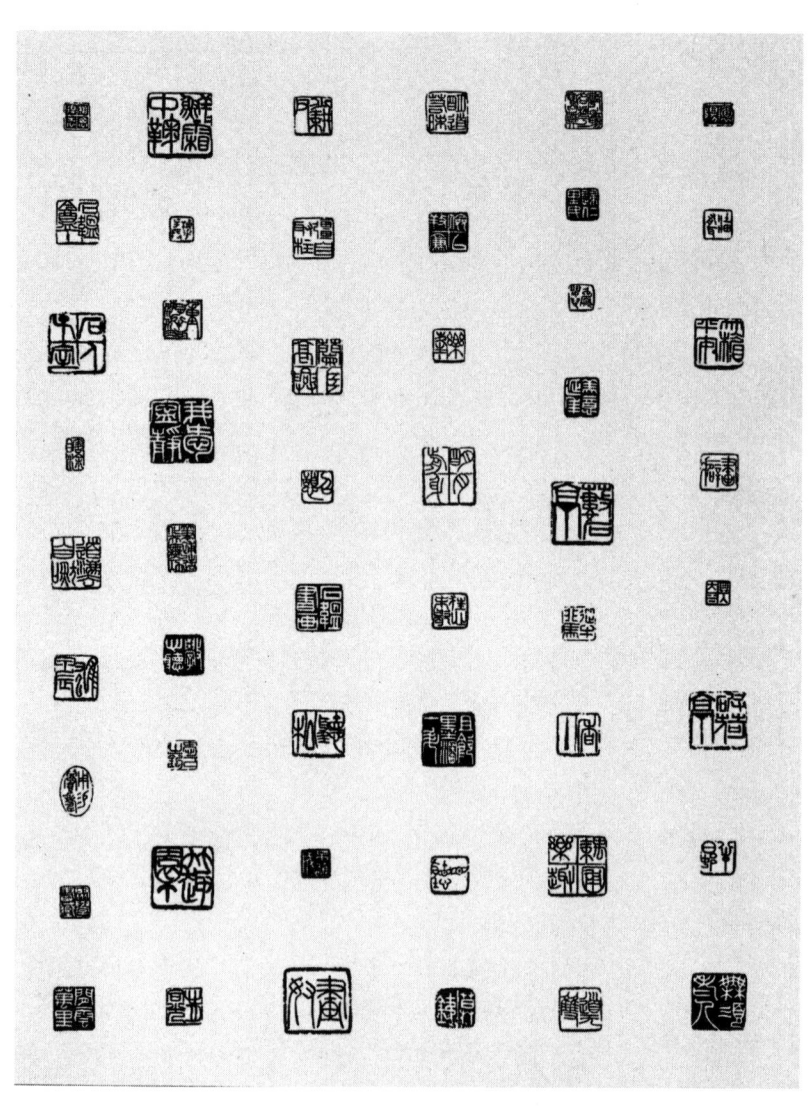

高式熊临吴昌硕印

报学术版的编辑也不懂,"哪有上半周刚说发现吴昌硕印章,下半周就写出半版文章认定这是吴昌硕最好的印章的?!"

吴超非常愤慨,"这不是公然造假牟利嘛!"他请高老帮忙拿主意打假。高式熊也非常愤慨,"太过分了!我全力支持侬!"

"假的!"高式熊说,"我不是空口讲造假,我有凭据!"他一针见血地指出,"大吉羊"字刻得不对;图章的边款抄了《篆刻入门》,却抄错了——"乱七八糟的文字,脱掉一些,又拼上去几句……"他与虞咏霖律师一起,应邀上电台打假。他们还接受上海另一张日报的采访，发表详细指谬论据。

韩天衡、曹用平、刘一闻、童衍方、钱君匋、王公助、曹简楼、孙慰祖、蔡国声、于长寿等书画界名家，也一致认定这个印章是赝品。媒体中懂篆刻的编辑、记者纷纷采访、撰稿，声援正方。

反方杜某不甘被揭露，召开记者会，公然叫板："图章在我手里，你们又没见过，怎么说是假的？"甚至致信中纪委、《人民日报》，颠倒黑白告恶状。私底下，却又打电话给吴超，乞求"井水不犯河水"。吴超一口回绝，"侬假冒齐白石，我不懂；假冒、贬低吴昌硕，我不能不管！"

不久，操刀刻章的人竟找上门来讨饶，"我犯法了！我那天吃了老酒，一时高兴，拿一块石头随便刻刻，边款抄了《篆刻入门》……刻好后到城隍庙旧货摊，被人1000元买走。我是外行，只想捞一票，不是专门做假去卖的！"

看着那人一脸懊恼，高式熊抚掌大笑，"今朝真相大白，夜里可以好好吃老酒了！"

那人带着假章刻成后第一次敲的印花，乖乖地被领去吴昌硕研究会法律顾问处"报到"。5月1日，假章首发流产。

尘埃落定之时，吴超在报上发表文章《也谈天下第一章》，将各方的意见、回应公布于众。虞咏霖在报刊上发表律师声明，以正视听。晚报也刊登了报道《本市金石界学者、专家发表见解"大吉羊"是伪劣冒牌印章》。

2007年4月，适逢吴昌硕先生逝世80周年，高式熊又应吴家后人之邀，以楷、行、隶、篆诸体，挥毫敬书吴昌硕的题画诗、楹联及缶庐小记80幅，他谦称"幸获一次'临摹''学习'的机会"，潜心恭慎地作了一次艺术传承与再创作。

在浙江安吉吴昌硕纪念馆举办《高式熊书吴昌硕诗词楹联》展，择80之数，寓纪念缶翁逝世80周年之意。80幅作品，在余杭、超山、安吉等与吴昌硕先生艺术生涯密切相关的重点城市巡回展出，成为书画界的一桩盛事。

吴昌硕不愧为中国近代书画界承前启后的一代宗师，其艺术融诗书画印于一炉，"书画奇气发于诗"，"篆刻的韵律与意境，多得力于诗"，诗则是书画印的精髓和灵魂。他的题画诗画龙点睛，楹联蕴含高古文化底气，"缶庐小记"则是大师乐于平民生活的真实写照。有人说，失去诗才的吴昌硕便不成其为吴昌硕。

《高式熊书吴昌硕诗词楹联》展，使世人有机会完整领略了书画大师的诗才——

《梅》：人间乾坤地无多，欲结孤根奈尔何。写入图中悬素壁，春风日日在岩阿。

《怀人诗》：新诗题上四间楼，春蚓秋蛇墨气浮。狂草今朝留一席，任君涂抹满墙头。

《癸丑立春赠贞壮》：聋我犹闻一字新，扬尘沧海奈游鳞。病狂懒作孤舟客，意古不随天下春。甲子大书由靖节，笠蓑长物隐元真。卜邻何事添欢喜，好学林宗戴角巾。

高式熊书吴昌硕缶庐小记

高式熊书吴昌硕诗词楹联

高式熊还应吴家后人之邀，临过50方吴昌硕印章。他说："这批东西临下来，我自己觉得金石韵味两样了，厚度不一样了。"这番话，让吴家小辈动容——90岁了还在学习，不容易啊！

吴超从小就接触过很多老先生，除了高式熊，还有王个簃、钱君匋、朱屺瞻、曹简楼，学艺之外，还学待人接物，"老先生们从来不斤斤计较，这样的风气今天越来越少了。现在，老前辈们的纪念馆请人写字，价钿都要照算的；以前，沙孟海、潘天寿都是无偿送字给纪念馆，以表达对前辈的尊重。"

学生仔

高式熊最早收学生仔，要追溯到遥远的1945年。

那一年3月，他的恩师赵叔孺病逝，而25岁的他收了19岁的同乡忻小渔为学生。这是他的入室大弟子。

忻小渔生于书法世家，其祖父忻绍如为前清甲辰科进士（与高振霄同科），其父忻鲁存亦工书法、篆刻及诗词，忻家与高家为三代世交。后来成为中国书法家协会会员，安徽省书协常务理事，安徽篆刻研究会副会长的忻小渔，2008年已去世。

现在随侍高式熊左右的，是他最小的学生仔邹博杰，人称"小博杰"。

小博杰是祖传第三代江西制笔人的儿子。江西自古出毛笔，文港是著名的"笔乡"，在南昌还有个华夏笔都博物馆。

博杰的父亲邹抚州在上海惨淡经营十几年，一直做着小本生意。2004年下半年，在华宝楼举办的一次笔会上，初见高式熊，朋友介绍他过去认识一下。先前坐着写字的高式熊站起来，让他坐，自己则站着继续写，边写边跟他说话，又抽了两支烟，然后邀请他"过两天到我家玩"。

两天后，他带着自家的毛笔上门了，不善言辞的他只会说做笔的事情，"这事一般人不感兴趣吧，但高老很懂。"

书画家因为一辈子都要用毛笔，和笔商打交道多了就有比较，大家普遍感觉一些江西笔商不老实、不可信。但接触下来，高式熊觉得老邹这个江西笔商蛮诚实的，甚至不大像生意人。过了一阵，他为之题写了楷书的"抚州笔庄"店招，又写隶书的"工欲善其事，必先利其器"条幅。邹如获至宝，拿回去都印在了名片上。

对小本经营的笔商来说，跟"朵云轩"做生意意味着大成功。可人家店大，难免朝南坐、搭架子、爱理不理的。高式熊把"抚州笔庄"介绍给"朵云轩"，而且还以自己的名声作担保——"抚州笔庄"的笔杆上印了"高式熊监制"五个字，销路特别好，还被作为礼品送给日本友人，深受欢迎。

第二年，邹抚州把17岁的儿子博杰带到上海，准备让他跟自己一起卖毛笔。很多江西人家就是这么代代相传的。他们的不少老乡在城隍庙摆摊，其中也有小博杰的同学，摆摊刻字，刻一个字收20元，顾客以外国游客为主。

"我买了最便宜的石头和刀，让博杰照着家里有的印谱练练，先写反字……三四天后刻了几方。"父亲便带着儿子上高家玩。

高式熊听说小博杰自己在学着刻章，很感兴趣，"啊，他也刻啊？拿来我看看。"连毛笔都不曾用过的卖笔少年，怯怯地递上自己依样画葫芦的章。没想到，高式熊接着说："我可以教你怎么入门，写字、翻上去、刻字……"

一个月后，小博杰把新刻的章拿给高老看，得到了表扬："刻得蛮好！我再教你！"这回开始仔细教下去。到了第二个星期，再交作业，高老看了，一拍桌子，宣布："这个学生有天分，我要了！"

唤高式熊"爷爷"的小博杰，话不多，但静得下心来，肯用功。高老年近九旬课徒，为学生备好了所有的工具、资料，就像当年王福庵、张鲁庵老师对他那样。

先教刻章，近一年后才教写字。写字不久，高老说这孩子写字也有天分。

意外得到名头这么大的书法篆刻家的指点和肯定，让邹家父子俩不敢相信天下有这么好的事竟让他们撞上了。早就听说，没有培养前途的孩子交10万、8万高老都不肯收的呢，可给小博杰上课居然一分学费不要。

逢年过节上门，他们想高老家里什么都不缺，就不买礼品了，包个1000元、2000元的红包递上。谁知高老一转身，就包了5000元、1万元的红包回赠。邹抚州打算摆酒席让儿子正式拜师，被高老制止了，"我承认就可以了，摆酒席，搞得像结婚一样做啥？浪费！"

父子俩感动得不知如何是好，"我们家哪辈子修来的福啊？几辈子都报答不了啊！"

小博杰读的第一本习字帖，是《高式熊篆书观月记》。但爷爷说："不要学我，要临秦汉印谱，学老一辈的王福庵、吴昌硕……"他以传统的教法，要学生走传统的路，规规矩矩做人、做事，"第一口奶"要喝好，不然学歪了就改不了了。他说，这些道理你以后慢慢都领会得到。

高老多次对邹家父子说，不能想着培养篆刻家，博杰这么年轻，书先要读好，中国的艺术若没有文化，内涵太少，就永远上不去。再说，想在社会上立足，先要有个文凭。

博杰遵从爷爷的建议，先去补习了语文、英语、政治、书法，接着考取中国书画篆刻专业，花了三年时间，系统学习碑帖鉴赏、英语等课程。每年5200元的学费，对邹家来说可是一笔大钱，都是爷爷拿出来的。到2012年底，博杰终于有了

高式熊、邹博杰师徒俩

一份稳定的工作——在"雷允上"做平面设计。

高老教篆刻,喜欢让学生自己看印谱、查资料钻研,拟出稿子,再交他修改。学生有错,他也不直接数落,而是举别人的例子来说明问题。现在很多人写字不懂得用笔,他偏偏严格要求"用笔第一"。他示范写字,自始至终笔都是直的,即使一连写两三个小时后搁笔,博杰拿起那支笔一试,还是"很听话"的;不像自己刚写一个字笔就"不听话"了。

这就是传统用笔的魔力,看着很雅,其实有气功在里面。一般人都觉得,磨墨写出来的字水分足、出清气;可高老用墨汁写,照样能写出清气来。他总是凭着功底和经验,边写边调笔锋,因此,他的笔往往用了几年还在用,换个笔头还继续能用。

博杰学爷爷小时候,也抄起了《说文解字》。他有没有读过爷爷20年前写的《我对学习篆刻的认识》呢?在那篇谈艺录里,高式熊总结了自己从实践中悟得的道理:"写《说文解字》,不单是要写像,而且要注意音义,了解文字形成的来龙去脉……把重点放在解决字形上……临摹不能单求形似,还应研究每一个字在一印中所处的地位,研究点画之间关系的配合。"

平时,博杰起稿子,爷爷一个字一个字地修改,他刻了打好印花,爷爷再批改。爷爷告诉他,"篆(笔法)第一、刻(刀法)第二。"还告诉他,"人人有鼻子、嘴巴,为什么有的人长得丑,有的人长得漂亮?就是布局问题。刻图章,方寸之间布局顶要紧。"

一开始上课,高老要求当父亲的陪读,回家"翻译"给儿子听。随着博杰的迅速成长，不再需要陪读，师徒俩已经可以探讨着上课了——这样行吧？那样呢？高老一再强调，不要依赖老师，要表达自己的想法。

最近，他对博杰说："如果你还想更进一步的话，那我要加大马力了！"因为，博杰起的有些稿子已不用他改，说明学生的审美观得到了老师的认可。

学艺，先做人。人品，可以从字里看出来。一路走来，博杰也在悄悄学习高老怎么做人。"爷爷九十多了，还在临摹字帖、王福庵的章……他对我说，趁你年轻，想学什么尽快学，以后在社会上拿得出来。他还说，我巴不得博杰的字和章超过我！"

儿子托付给了名师，邹抚州整天还在为生计忙碌着。50万元的订单，全家就得忙半年。做笔利润薄，饿不死而已，尽管从他这一代开始已自产自销。发不了财，他也心甘，"我喜欢做这行，因为可以和这些有文化、有修养的书画家打交道，真开心！"

第九章

人书俱老

战胜病魔以后,他传授秘笈:很多人是被癌症吓死的。生了病不要怕,自己要有分寸,不能乱。

他表示,还有一个"野心",那就是要让中国的书法篆刻艺术世世代代传下去,并且走向世界。所以,他不满足于关起门来写写字、刻刻图章,而要把有限的生命投入到无限的艺术追求中去。

高寿另类志愿者

在高式熊整天奔走忙碌的事务中,有一大部分是为社区作奉献。

很多人看不懂,他这么大的名头,又这么大的年纪,完全可以在家颐养天年,逢特别重大的场合才露一下面,凭什么还要为那些小事分心劳神啊?而他现在扮演的,简直就是社区志愿者的小角色。

高式熊身为西泠印社名誉副社长、上海书法家协会顾问,同时也是基层的静安书法协会会长。2001年3月,南京西路街道社区学校开学,年届八旬的高式熊欣然担任这所最基层的业余学校的兼职教师。换了别的名家,也许不愿这样"有失身份",可高式熊的原则是,只要对社会有益的事,他都来者不拒,即使没名没利,他也愿意赔上珍贵的时间、精力。再说在业余学校教书法,能普及传统文化嘛!

1980年代,中国掀起学艺热,就有一批这样的名家不计报酬在基层授课。学艺青年中,有个叫夏宇的,后来撰文回忆了与高式熊的"一课之缘":有一次下大雨,他的老师没来,各班学生也很少,学校让大家自由到有老师的班里听课。他走进一个教室,只见老师高式熊独自坐在讲台边等学生,他就在对面坐下,一起等。等了许久也不见有同学来,老师就说:"今天可能没有其他人来了,就我们俩了,我们开始吧。你有什么想问的?"他一开始很拘束,不敢说话,后来老师让他拿习作出来,很仔细地看了,告诉他要学习吸收传统的东西,又对他的印稿作了评点,也肯定了他的长处,接着讲起印学知识……大名家与只有一个学生的一堂课,叫人终生难忘!

南京西路街道招商引资,需要拿高老的字当礼品。去求字的忘年交陈标对毛笔字没有概念,一开口就是"50张,每张四个字",而且当晚就要。高老听说是公家办事派用场的,当场就开写。四明村住所的狭小空间里,渐渐挂满了晾衣服用的八脚架,上面夹着一幅幅待晾干的字。陈标汗颜了:某大家10万元一个字,另一大家30万一平方尺,高式熊呢?有人打听他的作品价格,他会装出一副很认真的样子说:"侬问的是出厂价,还是市场价?"

茂名北路上的上海毛泽东旧居要表彰志愿者,又苦于经费匮乏,找到高老帮忙。"我呒钞票,我写!"高老二话不说,暂停了家里排队按润格求字的一大堆活,先写没钱。写起来呢,也不知道偷偷懒每幅写一两个字交差,埋头写了二十几幅,有几幅还是十几个大字的,非常吃工夫。

2003年夏,高式熊应毛泽东旧居之邀,以篆、隶、行、草、楷五种书体书写67首毛泽东诗词。大热天,躲在静安区文化局,从早写到夜,几十件四尺整张的作品,一气写了半个月。12月,"高式熊书毛泽东诗词书法展"在宁波天一阁书画馆昼锦堂开展。次年1月,上海人民美术出版社出版了《高式熊五体书毛泽东诗词六十七首》,12月26日,在静安区艺术中心首发。

有记者采访,请书法家谈创作体会。他侃侃而谈:"整个创作过程,与平时写自己书法作品的感受很不一样。伟人毛泽东那些气贯长虹、文采飞扬的诗词,我用了饱蘸墨韵的柔管写来,真是激情澎湃,精神倍增。整个创作书写的过程,亦是养心、养眼、养身的一个机缘,得益匪浅。"记者便以"柔管写激情"为题,记叙这位八旬书法家的创作状态。

2010年4月,亲友们原本要在张园为高老做90大寿,不料玉树地震了,他临时决定不做生日,21日那天正逢全国哀悼日,又无法举行筹集善款的作品义拍会,他索性拉着高夫人一起直奔上海市红十字会,捐了3万元现金。

要过年了,他拿出1万元,请街道里的孤老、残疾人一起吃个年夜饭。从此每年这顿年夜饭,都由他请客,后来涨到了3万元。

从"蓝天下的至爱·点亮心愿"慈善义拍到世界特殊奥林匹克运动会,从社区精神文明建设到支援青海地震灾区书法义卖……哪里有公益活动,哪里就有高式熊的身影。操办那些活动的各路朋友有个同感:像高老这样德高望重而热心的名人,很少见!

静安区五个街道,其中三个与高老有关系。辖区内住着这么一位大名人,各方争相请他,也是人之常情吧。再琐碎的要求,高老都有求必应,全不顾经常因此把

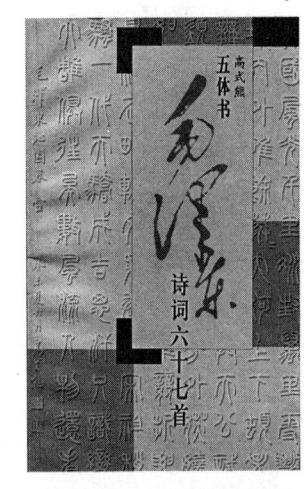

《高式熊五体书毛泽东诗词六十七首》

高式熊刻上海世博会法国馆印

自己累着了。个别居心不良的人,看他好说话,竟好意思把他当"摇钱树"了,比如拿着1万元的润笔来请他写字,私自揩掉5000元;比如多年来打着公家的名义来求字,拿回去私自牟利,还以为神不知鬼不觉。其实,高老心里比谁都明白,只是浪费不起时间,不屑跟人一般计较而已。

高式熊,也许是中国最高寿的志愿者。

但说他是志愿者,其实并不太确切。联合国把"志愿者"定义为"不以利益、金钱、扬名为目的,而是为了近邻乃至世界进行贡献活动者",意指在不为任何物质报酬的情况下,能够主动承担社会责任、奉献个人的时间及精力的人。中国志愿者协会给"志愿者"下的定义是"不为物质报酬,基于良知、信念和责任,志愿为社会和他人提供服务和帮助的人"。可高式熊这位志愿者,非但不计名利、得失,而且还自掏腰包倒贴,可谓"另类志愿者"。

泌尿科专家戴胜国,退休后专攻中医,免费为病人推拿,治愈了不少让西医摇头回绝的疑难杂症。92岁的高式熊与72岁的戴胜国一见如故、一拍即合,两人商量着撷取108句中医原理,请书画家书写,办个展览,叫做"医艺相融,融古烁今"。这对老医生和老书法家,为交流迸发的创意兴奋不已。可戴医生有点担心,书画家们都愿意参与吗?是不是要开出天价稿费啊?高老胸有成竹,"稿费我来出,我请他们写!"他拟了一份以中国美术家协会会员、上海市文史馆馆员为主的名单,一个个亲自打电话过去,然后让人把要写的句子、稿酬一并送上。书写者中,60%—70%是有偿的,每幅最低1000元,最高2万元。这趟志愿者,做得代价可真够大的!

其实,为艺术当志愿者,高式熊早在二三十年前就行动了。

当意识到越来越多的老一辈艺术家渐次凋零,再不抢救他们的绝技就来不及了,他便向上海市文化局提交了申请,希望尽快成立上海艺术沙龙,让老艺术家们有固定的活动场所,喝喝茶,交流交流,后辈可以记录下他们的宝贵经验。当时,他自己也已快70岁了,但还自以为不在"老一辈"之列,还可以为老一辈奔走做点事情。某市领导的秘书不理解,问他:"上海已经有美术家协会、书法家协会、中国画院了,侬再要成立艺术沙龙啥意思?"他解释:"政府要忙的事情太多,想不到做这个,民间社团可以拾遗补缺,只要政府给我们撑腰就行了。"申请很快批了下来,沙龙一度组织了不少书画艺术活动,吸引了大批老艺术家。

至今还在津津乐道的,是当代工艺大师"朱老五"的绝技:"朱老五"大名朱

高式熊多次当选"中国书法进万家"活动先进个人

炳文，是一位工程师，业余时间热衷于养虫、做虫罐虫筒，也做笔筒、茶叶罐。为了做这些小玩意，他甚至买了一台车床摆在家里，可见痴迷投入的程度。再精巧的物事，都不需要图纸，他就凭感觉信手做来。定做好的物事，请大画家唐云在上面刻字画，高式熊也帮他刻过。他做的物事，都是独一无二的，每只成本就要几千元。但他从来不卖，只是送送要好朋友。有个朋友把他送的物事卖了，他发现后，执意买回来，不让自己亲手做的宝贝在市场上流通。"这样的能人，要创新好物事，太便当了！现在寻勿着了！"令高式熊得意的是，"朱老五"是听说有这么个艺术沙龙自己找上门来的。西泠印社2011年秋季拍卖会有"中国首届明清竹雕专场"，其中有一件拍品即为唐云、徐素白、朱炳文合作的竹雕虫罐。

这样的艺术沙龙，高式熊在不到十年的时间里前后主持过三个，有的走上轨道后他却被人踢掉了，有的赚到点钱就解散了。

他总结教训："对老艺术家要尊敬，不能当商品用，剥人家的皮，哪能做得好？"

88岁那年，高式熊做过一次特别的个展：他的30多幅书法精品在嘉定华勋画院展出。篆、隶、行、楷各体无不炉火纯青，尤以小篆最为精妙。其中，有他从未写过的大字，如四尺整张只一个篆体"寿"字。

展品中，有一套形制精妙的仿明式八珍壶（提梁壶、直壁壶、六角壶、石瓢壶、方斗壶、井阑壶、半月壶、扁方壶）最引人注目——由米寿书法家高式熊以篆、隶、行、楷书李白诗句，宜兴紫陶工艺名师韦琪镌刻。这是旅美画家蔡立群设计的成套名家书画精品珍藏壶，起始于朱屺瞻的百岁寿壶，全部完成将是30位名家、30套珍藏壶，被誉为"世纪杰作"。

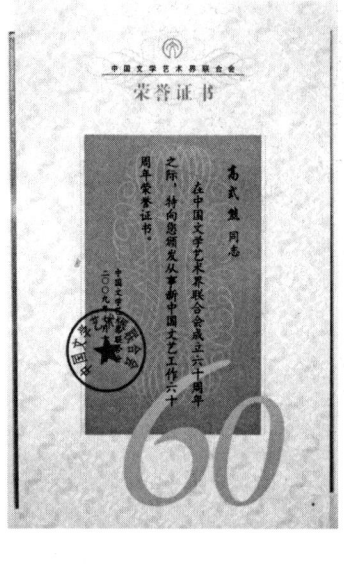

2009年7月，中国文联授予高式熊、顾振乐、徐伯清"新中国文艺工作六十年"荣誉称号

"耄耋参得金石寿，于今铁笔更宜坚。"被朋友戏称为"90后"的高式熊，依然声如洪钟、腕力过人，手不颤、眼不花，潇洒游艺海。

黄山有个不成文的规定：中国摄影家协会的会员上山一律免费。有人问，中国书法家协会会员呢？得到的回答是：不免，高式熊除外。

2010年春天，天都宾馆老总去镇江接高老到黄山，黄山市市长慕名上山拜见高老。当天，高式熊就应邀刻了一方章：烟波渺茫。这一次，他游了梦笔生花、始信峰、猴子观海、排云亭，走走停停，不坐轿子，饱览大好河山，成为黄山登山者中最年长的一位。

让书法篆刻传下去、走出去

2012年秋天，高式熊难得地住进了医院，因为前列腺指标大大超常规。那位泌尿科专家戴医生，正是朋友介绍来为他治病的。住了一个月，顺利出院。朋友们见到他恢复了原样，还大声复述戴医生与自己的生死对话：

戴：侬问题总归有咯，阎罗王吓哦？

高：我活到90多岁，勿是小鬼（ju），已经是老鬼（ju）了，我吓啥？！

戴：我要用伽玛刀，一刀一刀帮侬解决……

高：反正我的命已经交给侬了，样样听侬咯，侬斩好唻。

结果，一刀一刀，被"斩"了13刀，问题解决了。

"死我勿吓咯，只要死得爽快点。生了毛病吓吓用场，自己要有分寸，勿要乱。自己一乱，就麻烦了……"高老向朋友们传授抗病秘笈，"交关人是让癌吓煞咯；癌碰着我，让我吓煞！"

出了医院，这场病就被忘得一干二净。高式熊接着忙两件事：一是整理父亲留下的500首梅花诗，准备捐给国家；二是筹建印泥博物馆。

他一向认为，上海的篆刻在全国是第一位的，国家级非物质文化遗产"鲁庵印泥"又出在上海，所以上海的印泥包括对印泥的研究，也应该走在全国前列。

2013年1月，鲁庵印泥技艺传习所在上海石门一路15号（瑞金剧场旧址）挂牌，并正式宣布李耘萍、高定珠为鲁庵印泥第三代传人。传习所正积极寻求与学校及社区的合作，把传统技艺推广到社会，还要组织力量制定"鲁庵印泥"标准，引领行业发展。传习所一开始就兼收藏，收了张鲁庵用过的所有印泥，齐白石、李可染用过的印泥，全国各地的各种印泥，与印泥有关的把玩物件，百岁书画家、诗人周退密捐赠的几乎所有自用章（均为高式熊所刻），高振霄的遗物……

没错，这架势就是在往印泥博物馆的方向走啊！

"人的生命是有限的，但艺术是无限的。我不满足于关起门来写写字、刻刻图章，我还有个'野心'，那就是要让中国的书法篆刻艺术世世代代传下去，并且走向世界。"这番话，也许可以作为高式熊晚年不少举动的注脚。

最新的好消息：2015年7月，高式熊艺术馆在浙江安吉开馆。

为此事奔忙的叶志敏，说起与高老结缘的故事，直夸"老爷子人好"。

那是2002年，高老一行应邀出席"连云港之夏"活动，叶是其中一位的朋友，开车送他们前往。接待方当他"车夫"，吃饭时自然就说"司机另外安排"。高老不乐意了，站在主桌边上，不肯入座，眼光四处寻着"大胡子"叶，"他是开车送我们的朋友，一路上那么辛苦，他不来我就不坐！"朋友们赶紧找到叶，带到高老跟前。高老笑了，先敬他一杯酒，让他坐在身边，挟了一筷菜给他，饭局这才开始。

"高老这么有名望的人，对我这个初次见面的普通人这么好，我从连云港回来就和他交往下去，成了忘年交，直到今天。"叶志敏把自己公司的顶层整整一个楼面，专门布置成宽舒的画室、卧室，备好笔墨纸砚，不时把高老接去写字。

高老一写字，叶的哥哥就成了老"书童"，随侍在侧，还"发明"了用牙刷调匀墨汁的妙招；写过200来字，"书童"会及时洗笔……兄弟俩与高老，情同父子。高老戏言："在这里写过字，到外头写勿来了！"心情不同嘛，在外面多是写字，在

应上海市文史研究馆之邀，画家奚文渊为高式熊艺术馆开馆而作

这里可以安心创作。

十几年来的往事，叶志敏最记得高老的精力充沛、童心十足。"82岁那年，还在三林骑马。外出总是自己拎包。2003年、2004年，在张家港玩，水中一米见圆的亲水平台，对面有人走过来，他跳起身让人，身手敏捷啊，吓出我一身汗来！和江南春、我在瘦西湖爬山，他不喘气的。2004年、2005年，在南汇乘船上岛，船晃得厉害，他还去扶别人……"

叶志敏打算把珍藏多年的200余件高老精品（书法、金石、砚台等）无偿捐给政府，作为艺术馆的基本藏品，向社会展示。经济发达了，社会上大名家的艺术馆多起来，但大多只是办个把展览，开幕式后即门庭冷落，谁有心常年进行艺术交流、培养青少年呢？高式熊艺术馆就筹划着开创这份传承书法艺术的事业——以"政府支持、市场运作"的模式，打造书法篆刻爱好者的培训基地、国际文化的交流窗口和业内人士的艺术沙龙。

关于书法，沈尹默先生有句话："世人公认中国书法是最高艺术，就是因为它显示惊人的奇迹——无色而具图画的绚烂，无声而具音乐的和谐，引人欣赏，心畅神怡。"

唐代书法家、书法理论家孙过庭在其传世墨迹《书谱》中，论及书法的境界："至如初学分布，但求平正；既知平正，务追险绝；既能险绝，复归平正。初谓未及，中则过之，后乃通会。通会之际，人书俱老。"

书法，实在是独一无二的艺术。除了书法，还有哪一门艺术可以陪伴中国人从童年走到老年呢？"通会之际，人书俱老"，是说人需要用一辈子的漫长生命不断地拿毛笔书写，融会贯通，让书法臻于老练、成熟、完满，当人老了，书法也就老了——人书俱老的境界，值得所有书家去追求，也值得所有以文字为生者去追求。

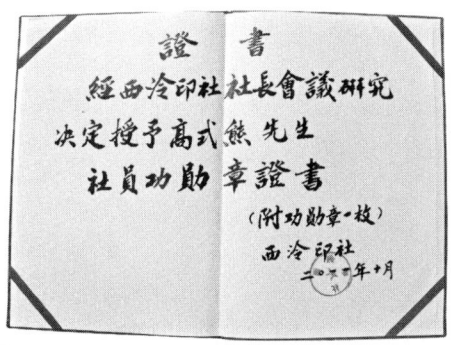 

2011年10月27日,西泠印社举行的"百年西泠·盛世风华"大型系列活动开幕式上,高式熊与张锐、江成之被授予"西泠印社功勋章"

2011年4月28日,90岁生日与夫人合照(郝小虎摄)

然而,现在还有多少中国人在用毛笔书写中国字呢?高式熊这一辈,会不会成为最后一批用毛笔书写的中国人啊?

附 录

从艺大事记

1921年（辛酉、民国十年）

4月21日（农历三月十四日），出生于鄞县水凫桥1号。

父亲高振霄是清光绪三十年甲辰恩科进士，殿试获第二甲第四十七名，钦点翰林院庶吉士。历任翰林院编修，国史馆协修，赏加侍讲衔。母亲姜太夫人生于1895年（光绪二十一年、阴历乙未年），是年27岁。

8月3日（农历六月三十日），高太史在给好友刘邦骥的信中写道："弟三月间得一儿，胎产安善，头额峥嵘，或是成器，但使读书种子有传，便一瞑九京无他望矣。"

1925年（乙丑、民国十四年）5岁。

跟随母亲姜太夫人从宁波到上海，和父亲高太史一起生活。

1929年（己巳、民国十八年）9岁。

由于政局动荡，治安状况和教育质量总体较差，高太史决定不让高式熊入小学念书，而亲自教他读书认字。从临欧阳询《九成宫》入门，开始习书法。

1930年（庚午、民国十九年）10岁。

应高太史要求，在临写欧阳询《九成宫》的同时，开始学习《说文解字》，每天几十个字，一边学写篆文，一边理解字义。从此，先后摹写《说文解字》四通。

1931年（辛未、民国二十年）11岁。

高太史决定携全家入住当时文化名人聚居的四明村，为高式熊的成长提供良好的文化氛围。

1936年（丙子、民国二十五年）16岁。

翻阅家藏的《金石索》，通过孔云白著《篆刻入门》一书开始自学篆刻，临摹书中的汉印。

1938年（戊寅、民国二十七年）18岁。

受高太史的影响，开始记日记，这个习惯持续了一生。

1939年（己卯、民国二十八）19岁。

6月5日（农历五月初八），母亲姜太夫人（1895—1939）病逝，享年45岁。

1940年（庚辰、民国二十九年）20岁。

在四明村，拜识父亲的好友、著名书法篆刻家王福庵。

1941年（辛巳、民国三十年）21岁。

得到父亲的同乡挚友、著名书画篆刻家赵叔孺指点。

4月，认识赵叔孺的学生，以收藏印章、印谱而闻名的张鲁庵，从此得以认真通读、专研张鲁庵所收藏的400余种印谱、4000余钮印章，开始熟悉"鲁庵印泥"的制作工艺，并在张鲁庵百年之后完整保存"鲁庵印泥49号秘方"的配方。

1944年（甲申、民国三十三年）24岁。

认识以收藏竹刻、古铜印和名家印章而驰名、擅长篆刻的秦康祥，两人常探讨印学、切磋技艺，得益甚多，遂结成挚友。

1945年（乙酉、民国三十四年）25岁。

赵叔孺（1874—1945）病逝，享年72岁。

是年，录忻小渔为入室大弟子。忻小渔原名鼎立，字可权，浙江人，生前为中国书法家协会会员，安徽省书协常务理事，安徽篆刻研究会副会长。

冬，将平日所刻印作辑成《篆刻存景》一册，由父亲的老师龚心钊作序，序中写道："式熊世讲，英年锐学，所观摹者已多。偶运铁笔，神汇于古，其气息清峻，又非当世之规，规于模拟者所可同日而语。在昔，二文继美衡山，式熊其不多让乎。余乐而为记此。"

1947年（丁亥、民国三十六年）27岁。

春，陪同王福庵到杭州西泠印社，经王福庵、丁辅之推荐加入西泠印社，成为当时最年轻的社员之一。同时由王福庵推荐加入西泠印社的，还有方去疾、江成之。

1948年（戊子、民国三十七年）28岁。

年初，由张鲁庵、秦康祥二位发起，准备为西泠印社篆刻一部四册《西泠印社同人印传》。王福庵闻讯大为高兴，遂确定名单。由张鲁庵提供印石与连史纸、印泥，秦康祥负责文字编写等文案工作，高式熊则负责篆刻。其间文字订讹、印稿审核、印谱成书样式、边款小传刻镌，均由三人合力完成后交王福庵提出修改意见，最后定稿。《西泠印社同人印传》中，除有社籍登录者外，还出现了一些于印社支持资助有贡献者的名册，共计220方。高式熊花了半多年的时间，完成220方印章的创作。印社同人每人一方，印面刻姓名，边款刻小传。并钤拓一部四册，每页上方钤印一枚，下方附拓边款。印谱由高式熊交给社长张宗祥，存于西泠印社。

4月23日（农历三月十五），与厉国艳完婚，婚礼在中央西餐社举行。厉国艳小名瑞珍，也是宁波人，生于1926年（民国十五年、丙寅），是著名画家厉国香之妹。

是年，王扆昌主编、上海文化运动委员会出版的我国第一部美术学科年鉴——《中华民国36年美术年鉴》收录了高太史父子的传略和作品。作为《中华民国36年美术年鉴》协助事务者的高式熊，参与了该书的编辑出版工作。2008年12月，该书由上海社会科学院出版社重新影印出版。

1949年（己丑、民国三十八年）29岁。

1月，女儿定珠出生。

是年，为太老师龚心钊刻象牙章"柴尊馆"。

是年，在徐朗西华山路寓所的"古琴会"中，认识金石书画家朱复戡。

1950年（庚寅）30岁。

5月，儿子惠孙出生。

1950年代初，王福庵决定在《西泠印社同人印传》的基础上，再镌刻一部以西泠印社景点名胜（斋馆楼阁）为题材的印谱，意在以景配人，相得益彰，取名曰《西泠胜迹印谱》。他亲自选定内容，撰写边跋，由高式熊篆刻。在治印几十方后，碰巧韩登安已完成《西泠印社胜迹留痕》印谱，由于题材相同，经与王福庵商量后，决定暂停《西泠胜迹印谱》的创作。

1953年（癸巳）33岁。

是年，为著名学者、诗人、图书校勘专家冒鹤亭刻"九九翁"印。

为张鲁庵整理、编写《鲁庵所藏印谱简目》，并撰写跋记。

6月，高太史被上海市市长陈毅聘为上海市文史研究馆首批馆员。

1954年（甲午）34岁。

是年，进入上海维纳氏电工器材厂工作。

夏，辑《式熊印稿》一册，收印46方，王福庵题写书名。

1955年（乙未）35岁。

4月，担任上海维纳氏电工器材厂资方代理人。

秋，参与筹备由张鲁庵发起成立的篆刻印学社团——中国金石篆刻研究社筹备会。

1956年（丙申）36岁。

年初，高太史被增选为上海市第一届政协委员。

年初，上海维纳氏电工器材厂公私合营。4月，上海维纳氏电工器材厂并入国营上海电影机械厂。在合并后的上海电影机械厂做录音机电讯工。

是年，加入上海市民主促进会。

是年，参与由张鲁庵组织创作的《鲁迅笔名印谱》。8月18日，《解放日报》以题为《正在刻制的"鲁迅笔名印谱"》作了专门报道。

11月13日（农历十月十一），高太史（1878.1.5—1956.11.13）病逝，按农历历法计算享年80岁。

1960年（庚子）40岁。

3月2日（农历二月初五），王福庵（1880—1960）病逝，享年81岁。

1961年（辛丑）41岁。

4月，经潘伯鹰介绍，加入上海中国书法篆刻研究会。

1962年（壬寅）42岁。

是年，在上海青年宫书法篆刻学习班上执教。

3月，辅导上海电影机械厂职工书法篆刻活动组学员集体创作的篆刻作品——毛泽东《蝶恋花》词句参加"上海市书法篆刻作品展览会"，展出后，《解放日报》记者谷苇到厂里采访，4月15日，《解放日报》以题为《一个工人书法篆刻小组》作了专门报道。

4月18日（农历三月十四），张鲁庵（1901—1962）病逝，享年62岁。

配合张鲁庵家属做好藏品捐献前期牵线联系，并参与藏品整理和交接工作。10月11日，张鲁庵捐献的藏品——433部历代印谱（近2000册）、1525方名贵印章全部运抵杭州。

12月12日，参加在杭州市杭州饭店召开的西泠印社新中国成立后第一次社员大会，被选为"庆祝西泠印社创建60周年筹备委员会"委员。参与社庆六十周年献礼作品——《革命烈士印谱》的创作。

12月15日，在接受张鲁庵捐献仪式上，代表张鲁庵家属致答谢词。

1963年（癸卯）43岁。

10月25日，参加在杭州市华侨饭店召开的庆祝西泠印社成立60周年大会，被选为西泠印社第一届理事会理事。

"文革"期间，因担任过上海维纳氏电工器材厂资方代理人和辅导上海电影机械厂"职工书法篆刻活动组"，被加上了"十足的资产阶级分子"和"企图把工人阶级引向封资修泥坑中去"等罪名，遭到迫害、抄家，住处也被迫让出了大多数房间，只剩下三楼的厢房和亭子间。无数次的批斗，繁重的劳动，在翻砂车间劳动，肩上要扛几百斤重的铁包子，一天要敲碎2吨焦炭或数吨生铁。在逆境中，令人安慰的是受到不少工友的暗中保护。

1968年（戊申）48岁。

7月18日（农历六月廿三），秦康祥病逝，享年55岁。

秦康祥临终前几天，为秦康祥查找资料，做磨平印面等刻章的准备工作，使身患重病的挚友如愿以偿完成5方五面印。

1972年（壬子）52岁。

是年11月，上海电影机械厂为高式熊平反。

1973 年（癸丑）53 岁。

是年前后至 1975 年，参与由东方红书画社（今"上海书画出版社"）组织的以简化字入印、选刻毛泽东诗词和"样板戏"台词的《新印谱》。

1978 年（戊午）58 岁。

是年，由著名版画家陈柯田推荐，调入上海书画出版社工作，担任《书法》杂志篆刻编辑。

为收藏、鉴定大家钱镜塘刻制"钱镜塘审定吴湖帆真迹""钱镜塘鉴定任伯年真迹之印"，录钱镜塘孙子钱道明为入室弟子。

1979 年（己未）59 岁。

2 月，参与《革命胜迹印谱》（共五册）第二册的创作。

1981 年（辛酉）61 岁。

是年，退休。

是年，《六体书唐诗二十首》由人民美术出版社出版，高式熊书写书中的"简体"部分。

9 月 1 日，上海书画出版社总编辑黎鲁、编辑林野和高式熊三人骑自行车从上海出发，沿途进行采访、调研，三人骑车经过浙江、安徽、江西、福建，10 月底到达福州市。在结束福州的采访、调研工作后，将自行车托运回沪，三人乘火车于 11 月 1 日返回上海。

1982 年（壬戌）62 岁。

是年，《六体书唐宋词二十二首》由上海书画出版社出版，高式熊书写书中的"简体"部分。

是年，上海立信会计学院开设书法篆刻课，聘请顾振乐和高式熊执教。

1983 年（癸亥）63 岁。

是年，为钱镜塘刻"海昌钱氏图书""唐碑宋画之斋"等印。

是年，在西泠印社第三届理事会上，被选为西泠印社副秘书长，1988 年第四届、1993 年第五届、1998 年第六届理事会连选连任。

1984 年（甲子）64 岁。

是年，为庆祝上海—大阪建立友好城市 10 周年，参加由宋日昌带队的上海书法家代表团，赴大阪进行访问及书法交流。

1988 年（戊辰）68 岁。

10 月，在日本大阪现代中国艺术中心举办个人篆刻书法展，为大阪博物馆鉴定藏品。

11 月，在阿培野举办个人篆刻书法展，为日本京都泉屋博古馆鉴定馆藏文物及印章。

是年，辑《式熊印稿》原拓本一册。

《式熊印稿》原拓本收集了各时期所治印章81方，封面由沙孟海题签，扉页由顾廷龙题字，拓制100部。

1989年（己巳）69岁。

2月25日，上海市宁波经济建设促进协会正式成立。当选为第一届理事，兼任书画文物部副主任。1993年第二届连任，1998年第三届、2003年第四届被聘为顾问。

8月，《式熊印稿》由上海书画出版社出版，韩天衡撰写序文。

9月27日，"邵洛羊、高式熊、周慧珺书画作品展"在宁波钱业会馆举办。

1990年（庚午）70岁。

2月6日，被聘为上海市文史研究馆馆员，聘任仪式在2月24日举行。

5月，为钱道明整理《钱镜塘鉴藏印录》原拓本撰写跋。该书收印65方，其中高式熊14方。

是年盛夏，专程到宁波举办了为期一周的"高式熊篆刻艺术培训班"。

是年，应日本大阪现代艺术中心邀请，由钱道明陪同前往日本大阪、奈良、神户、京都举行书法篆刻展和学术交流，为期一个月。

1991年（辛未）71岁。

是年，台湾《印林》（第69期）出版高式熊专辑。

1992年（壬申）72岁。

是年，应邀到日本北九洲、四国、鸟取等地举行书法篆刻展和学术交流。

1993年（癸酉）73岁。

《书法》杂志1993年第1期刊登了用小楷补写《赵孟頫小楷吴睿篆九歌图释文》中"序文""礼魂"二段。

是年，应邀到日本福冈举行书法篆刻展和学术交流。

8月，被复旦大学国际交流学院中文系聘请为书法研修班导师。

1995年（乙亥）75岁。

4月，为祝贺高式熊七十五岁生日，学生周永泉策划、同事李年才承办的6册线装原拓印谱《西泠印社同人印传》由上海朵云轩出版。

印谱从1948年所刻220方中挑选157方，再重刻7方，共收印164方，拓制75部。书中王福庵戊子序文和朵云轩乙亥跋记，由高式熊用蝇头小楷书写。

5月，被上海交通大学东方艺术交流中心聘请为顾问。

1996年（丙子）76岁。

2月（农历正月），为启功镌刻"启功之印"（白文）、"元白辞翰"（朱文）和"丙子"（朱文）三印，启功托人带来酬金2万元被当场退回。2007年7月，北京师范大学出版社出版的《启功用印》收入上述三印。

9月，《高式熊篆书观月记》由上海画报出版社出版。

是年，在电视剧《一号机密》中扮演1930年代的上海爵士乐队吹奏手。

1997年（丁丑）77岁。

2月，撰写《我对学习篆刻的认识》，刊于《书与画》杂志1997年第1期。

1998年（戊寅）78岁。

10月，参加西泠印社成立95周年社庆，接受印社颁发的入社50周年荣誉证书。

12月，被聘为上海市书法家协会顾问。

1999年（己卯）79岁。

是年，撰写《健身一得：写字也是运动》一文。

2000年（庚辰）80岁。

11月，被聘为同济大学顾问教授。

11月11日，"高振霄、高式熊父子书法展"在"朵云轩"举行。

2001年（辛巳）81岁。

5月16日至25日，"清韵雅风——高振霄、高式熊父子书画展"在静安区文化艺术交流中心举行。

2002年（壬午）82岁。

3月，撰写《高太史临张猛龙碑》序文。

是年冬，为普陀山佛教协会书写《妙公老和尚训诫碑》和《妙公老和尚德业碑》。两碑用汉白玉刻成后，立于普陀山妙善纪念堂两侧。

2003年（癸未）83岁。

10月，由上海市文史研究馆编辑《上海市文史研究馆馆员传略（六）》一书收录高式熊的自传。自传由高式熊的妹夫方祖荫代笔。

11月20日，经西泠印社第十一次社员大会选举，被选为第七届理事会理事。

12月24日，"高式熊五体书毛泽东诗词67首作品展"在宁波天一阁书画馆昼锦堂举行。在开幕式上，向鄞州区政府、天一阁等单位捐赠了自己和父亲高太史的书画作品。

2004年（甲申）84岁。

1月8日，棠柏印社成立，担任棠柏印社社长。

1月，《高式熊五体书毛泽东诗词67首》一书由上海人民美术出版社出版。

2月16日、3月17日,"高式熊五体书毛泽东诗词67首书法作品展"分别在静安区书画艺术中心、余姚市博物馆展出。

11月6日,在新加坡中华总商会展览厅举办个人书法展。

2005年(乙酉)85岁。

1月,应宁波茶文化促进会的邀请,赴宁波创作《茶经印谱》。为按计划完成印谱的工作,一边打针一边刻印,用了20天,治印45方,完成一部篆刻巨著《茶经印谱》。

2月初,在豫园听涛阁举办"高式熊篆书对联展"。

3月,《茶经印谱》由西泠印社出版社出版,韩天衡和陈振濂作序。

6月,《高式熊"太仓胜迹印谱"》由学林出版社出版,书中收集印章19方。

9月,担任静安书法协会会长,出席"高振霄书法作品展"开幕式和静安书法协会成立揭牌仪式。

9月,高太史在1940年临《礼器碑》第一百八十九通——《高振霄临礼器碑》一书由静安书法协会编辑、中国时代出版社出版发行。

10月,被聘为宁波美术馆顾问、无锡市甲骨文学会艺术顾问。

2006年(丙戌)86岁。

2月4日,介绍高式熊艺术生涯的专题片——《印记人生》在宁波电视台二套和美国斯科拉电视网播出。

2月28日,应美国炎黄、墨缘书画会的邀请,携带自己三幅书法作品赴美国洛杉矶,参加由炎黄、墨缘书画会共同举办的书画联展。

6月,为上海市文史研究馆馆藏创作书法作品,作品编入《上海市文史研究馆馆员书画作品系列——高式熊书法作品选》。8月,该书由上海画报出版社出版。

9月4日,"联花墨韵——高式熊书法展"开幕式在上海图书馆举行。《高式熊楹联书法集》由上海楹联学会和静安书法协会编辑、香港东方艺术中心出版社出版,上海市新闻工作者协会主席丁锡满撰写序文。

12月12日,上海民建书画院成立,被聘为民建书画院院长。

2007年(丁亥)87岁。

1月,书写八尺对开的隶书作品一幅,参加在中国美术馆举办的"海派书法晋京展"。

为纪念吴昌硕逝世80周年,由上海昌硕文化艺术有限公司策划,无偿书写80幅吴昌硕诗词、楹联,先后在杭州超山风景区、安吉县吴昌硕纪念馆、上海奉贤海湾旅游区居礼轩、浙江永康市博物馆、朵云轩和青浦博物馆展出。每次展出后,总有一部分作品被当地单位、个人收藏,为不影响下次展出,在百忙中重写以补足80

幅书法展品。作品汇编成《高式熊书吴昌硕诗词楹联》一书。

2008年（戊子）88岁。

4月13日，"高式熊书法篆刻展"在嘉定区华勋画院举行。

5月23日，在静安区书法家协会举办的"高式熊抗震救灾书法捐赠"活动中，把20幅书法作品拍卖所得全部捐献给汶川灾区。

10月23日，赴杭州参加西泠印社建社105周年社庆。在西泠印社第八届理事会第一次会议上，再次被聘为西泠印社名誉副社长。

11月，《高式熊艺术作品集》一书由上海华勋画院编辑、香港大业公司出版。陈佩秋题写书名，陈燮君撰写序文。

2009年（己丑）89岁。

1月，上海豫园商城华宝楼、汲古斋印制500套"上海—景德镇艺术大师瓷器精品个性化邮票集"。其中，"高式熊陶瓷艺术精品"邮票整版刊印新创作的瓷板书法作品。

1月，《般若波罗蜜多心经印谱》由中国文化艺术出版社出版，宁波七塔禅寺方丈可祥法师作序。《般若波罗蜜多心经印谱》是2008年12月应余姚周兴苗之请，将《般若波罗蜜多心经》逐句刻印，仅用10天的时间刻成53方印，共268字。

7月17日，与顾振乐、徐伯清一并荣获中国文联授予的"新中国文艺工作六十年"荣誉称号。

10月22日，赴宁波参加宁波帮博物馆开馆典礼，并向宁波帮博物馆捐赠了清末宁波籍著名画家、"海上画派"中坚人物陈允升（字仲升，号纫斋、壶舟、壶道人，又号金峨山樵）的山水中堂画一幅（此画为高式熊的祖父所收藏，后由高太史题"溪壑春姿"四字，并写跋记，极为珍贵）。

10月25日，作为书法报社举办的第二届中国重阳书画展特邀的九老之一，赴武汉出席书画展开幕式。

12月1日，出席在上海民主党派大厦举行的"迎世博·中华书画印大展"。开幕式上，当场将荣获大赛贡献奖的10万元奖金全部捐出，其中5万捐给上海市慈善基金会，5万捐给承办此次活动的棠柏印社作为艺术活动基金。

是年2月，上海市文化广播影视管理局颁发"中国非物质文化遗产"证书，成为上海市非物质文化遗产项目鲁庵印泥制作技艺代表性传承人。6月，文化部颁发03—1397证书，成为国家级非物质文化遗产项目印泥制作技艺（上海鲁庵印泥）代表性传承人。

2010年（庚寅）90岁。

4月15日，九十华诞书法篆刻展在上海民主党派大厦隆重开幕，展出新作50

余件。

4月21日,90岁生日当天,在老伴厉国艳的陪同下,到上海市红十字会为玉树地震捐款3万元。

5月14日,"万国印谱艺术展"在上海中国画院开幕,《万国印谱》一书同时出版发行。《万国印谱》收录了上海世博会190余个参展国家的国名印章,一国一印,高式熊刻"法国"、"阿尔及利亚"两方印章。

6月,《海上名家·高式熊先生九十岁书法篆刻专辑》由中国书画出版社出版发行。

10月,为朵云轩刻制"上海世博中国元素朵云艺苑"印。

11月15日,上海电视台新闻综合频道播出专题片《高式熊的快乐人生》。

2011年(辛卯)91岁。

1月3日,作为年龄最大的捐赠者,出席"蓝天下的至爱——恒源祥点亮心愿慈善义拍",书法作品行书《三国演义》开篇词受到了买家追捧,被一爱心人士以5万元购得。

1月,完成摹刻吴昌硕印章50方,汇辑《红葵花馆主摹印》原拓印谱。

1月5日,《高式熊90岁书法篆刻专辑》和纪念封(一套三枚)签名首发在上海民主党派大厦举行。

1月12日,高式熊实物收藏展在南京西路社区的福民会馆隆重开幕。

3月5日至14日,赴台湾参加两岸印泥文化与篆刻书画座谈会。

4月28日,"德艺双馨、康寿永达——高式熊九十华诞书法篆刻精品展"在上海吴昌硕纪念馆举行。

6月,荣获中国书法家协会授予的"纪念中国书法家协会成立三十周年贡献奖"。

9月29日,出席上海市书法家协会楷书专业委员会成立仪式,被聘为名誉顾问。

10月27日,荣获西泠印社授予的"西泠印社功勋章"。

是年,完成第二套《般若波罗蜜多心经》印谱。第二套《般若波罗蜜多心经》印谱是应友人之邀请,前后历经六年,将《般若波罗蜜多心经》逐句刻印,刻成53方印章。

2012年(壬辰)92岁。

1月,由周永泉整理高式熊年谱——《印记人生》问世,顾振乐题写书名,高定珠审阅全稿,共印1200本。

6月,在北京召开鲁庵印泥复出新闻通气会。

2014年（甲午）94岁。

8月，国家图书馆典藏馆收藏高式熊隶书对联，同时拍摄《我们的文字》非遗传人专题片，并举行首发仪式。

后　记

　　十几年前第一次采访高式熊先生，印象最深的便是他拥挤的书房。
　　这次为写书，我故地重游，发现高老生活了一辈子的这个空间，被更多的书报、笔墨纸砚、印章和印谱（不乏文物级藏品）……堆满了。
　　稍一转身，不慎碰落一方章或者一本原拓本印谱，也许都是价值不菲的！
　　我呆立在那里，看光阴之尘沐着阳光轻舞飞扬，感受到长长的长长的长长的……人生。
　　采访过程中，经常有这样的对话——

　　　　我：这个印蜕珍贵啊，还在吗？
　　　　高：在的在的，我都藏好的，下次拿给你看。
　　　　我：父子俩的文史馆馆员聘书，放一起拍张照，配在书里蛮好的。
　　　　高：我想办法寻出来。
　　　　我：高太史在政协会上发言，您说第二天上海报纸登了，哪张报纸啊？
　　　　高：现在想不起来了。报纸肯定在的，阿拉屋里厢连一张纸头都藏得好好的，我回去寻噢。
　　　　我：西泠印社"全家福"呢，寻得到么？
　　　　高：要么侬去《西泠印社老照片》书里扫描一张。
　　　　……

　　每一次，我都满怀希望地等，可等来的总是失望。
　　因为，高宅的东西实在太多了，多得根本无从找起；而高老又实在太忙了，忙得根本停不下来。即使他下决心停下来，这么大年纪也不适合翻箱倒柜吧？请人帮忙整理呢，此人必须有闲、懂行兼人品好、体力强，不然反而添乱。
　　高老为此纠结了多年，想来想去，觉得只有劳驾哪家可靠的收藏机构来做。前些年找寻"鲁庵印泥"49号秘方时，他就说过："如今，国家重视非物质文化遗产，我和老伴商量好了……不仅是这一张秘方，就是连同几房间的藏品，都一并捐献给国家。"还说："只要能将现藏于老屋里有价值的藏品、资料和文物妥善保管，让它们有个好归宿，我会很高兴的！"

静安区文史馆获悉，马上表示要收藏高老的全部捐赠物，并成立"鲁庵印泥研究室""高式熊书法篆刻艺术陈列馆"。

高老闻讯，很是欣慰，"今后鲁庵印泥有了研究和再发展的基地，海派文化会有好的发展前景，我的心就定了！"他希望自己住了一辈子的老宅，将来能够"作为海派文化的寻根之地"。

其实，这也是我和所有关心高老的朋友最希望看到的前景。

一门艺术的历史，一个城市的历史，是靠人及其创造的物事来支撑的，离开了这些，一切都无从谈起。

从这个意义上说，为人物作传，就是在写历史。

为采访做功课的时候，我时不时地会感到沮丧。

比如，要写高式熊与朵云轩，我随机问一些上海人："可知道朵云轩？"十有八九的被问者，回复以茫然的神情；要写高式熊与西泠印社，我又随机问了一些苏浙沪人："西泠印社是什么组织？"十有八九还是茫然……

"都是中国传统文化的精华啊！又不是消失了几十年，实体都还在呢，怎么就没人关注啦？"听我多次说起这些，高老无奈地摇头。

写着写着，我们终于商量出一个办法：在传主的故事中，穿插这些组织的历史背景，虽然当年的亲历者几乎已凋零殆尽，但还是要尽可能搜罗相关的点点滴滴，录在这里。就算是对旧时美好的一种深情回望吧。

顺便提一件不大不小的事：去四明村采访，走到弄堂口，看见一块中英文对照的"优秀历史建筑"铭牌，中文写道：原为四明村（四明银行宿舍，徐志摩、胡蝶等曾居此）……英文里则没有"徐志摩、胡蝶等曾居此"。我对这段中文很不满，为此在"蓝色评论"专栏里写了一篇《谁人曾居四明村》，表明观点：

> 尽管喜欢徐志摩的诗，也知道胡蝶是昔日大明星，但我还是要说，这两个名字列在"等"字前不妥当。因为弄堂口，就有一面"文化名人墙"，上面刻了14位曾居此的名人：章太炎、高振霄、王福庵、周建人、来楚生、泰戈尔……即使以社会知晓度为取舍标准，章太炎也该是那个"等"字前的首位吧？
> ……

上海正在做文化上的长远谋划。有了硬件，软件若跟不上，便是空有其壳。软件，从大了说，比如研究梳理上海的文脉，传承优秀传统文化，包括抢救湮灭中的名人文献史料故居；从小了说，比如斟酌诸如"谁人曾居四明村"这样的细节——出现在"优秀历史建筑"铭牌上的每一个字，都须三思而落笔。

希望相关的决策者能够关注此事，早日换掉那块铭牌。

在这本书的写作过程中，很多朋友给了我各种帮助。

由于在四明村访谈备受各路访客干扰，我多次请棠柏艺苑（印社）的张勤贤君把高老"绑架"到艺苑，让我定定心心采访。"棠柏"也有十年历史了，社长高式熊像一面旗帜，吸引了诸多同好，这里每年都要热热闹闹地办几场展览，大家聚在一起切磋艺术。感谢张勤贤热心张罗，包括每次都为我泡上好茶。

感谢周永泉、吴天祥、蔡锡瑶、陈标诸君，协助我钩沉久远的往事；感谢一辈子在高老身后的高师母（师母已于2015年2月11日仙逝。审读本书校样时，高老正沉浸在悲痛中），还有高老女儿定珠姐姐及姐夫，不厌其烦地帮我提供大小资料；感谢上海文联给我这次全面采写高老的机会，并且容忍我的延迟交卷。

当然，特别要感谢高老。应约写"海上谈艺录"，得知传主是您，我欣然接受；您听说作者是我，也欣然接受。这就是缘分吧。

潘真　于一缘斋